U0466468

浙 江 省 新 型 重 点 专 业 智 库

数字社会
革新与突破

孙哲君　林崇责　等　编著

中国科学技术出版社
·北　京·

图书在版编目（CIP）数据

数字社会：革新与突破 / 孙哲君等编著 . — 北京：中国科学技术出版社，2024.3

ISBN 978-7-5236-0590-5

Ⅰ . ①数… Ⅱ . ①孙… Ⅲ . ①数字技术—应用—社会服务—研究—中国 Ⅳ . ① D669.3-39

中国国家版本馆 CIP 数据核字（2024）第 066170 号

策划编辑	齐孝天　于楚辰	**责任编辑**	童媛媛
封面设计	潜龙大有	**版式设计**	蚂蚁设计
责任校对	张晓莉	**责任印制**	李晓霖

出　　版	中国科学技术出版社
发　　行	中国科学技术出版社有限公司发行部
地　　址	北京市海淀区中关村南大街 16 号
邮　　编	100081
发行电话	010-62173865
传　　真	010-62173081
网　　址	http://www.cspbooks.com.cn

开　　本	710mm × 1000mm　1/16
字　　数	143 千字
印　　张	14.25
版　　次	2024 年 3 月第 1 版
印　　次	2024 年 3 月第 1 次印刷
印　　刷	北京盛通印刷股份有限公司
书　　号	ISBN 978-7-5236-0590-5 / D · 138
定　　价	89.00 元

（凡购买本社图书，如有缺页、倒页、脱页者，本社发行部负责调换）

本书作者

孙哲君　　林崇责　　祝建英　　吴雨馨

盛仁磊　　楼欣茹　　洪舒迪　　胡江天

序

数字社会　温暖浙里

这是最好的时代。得益于高质量发展建设共同富裕示范区、数字浙江多年的积累、数字化改革战略部署，2021 年以来，浙江省发展和改革委员会承担了数字社会系统牵头建设重任。这是一项既与社会建设紧密关联，又与老百姓息息相关的系统工程，使命光荣、责任重大。

时任浙江省委书记袁家军对数字化改革做了系统性谋划。我作为浙江省发展和改革委员会党组书记、主任，有幸全程亲历了数字社会系统建设从 0 到 1、从 1 到 N 的变革演进——从数字化改革播下的一粒粒种子逐渐成长为一棵棵树木，并逐渐绘就“众木成林”的新图景。在此过程中，数字社会系统建设得到了国家相关部委的支持，得到了浙江省委、省政府领导的亲自指导，得到了省级兄弟部门和地方政府的大力协同，得到了社会组织、医院学校、市场企业的积极响应。数字社会系统的建设受到了老百姓的热烈反响和普遍好评。我们建立了一支超过 40 万人的“小事体验员”队伍，积极培育了一批踊跃投身数字社会系统建设的企事业单位。数字社会系统的使用人数覆盖了全省 6500 多万常住人口。“人人都是建设者、人人都是受益者”理念在数字社会系统建设中体现得淋漓尽致！每每想到此，我都感触良多。

“不畏浮云遮望眼，只缘身在最高层。”数字社会系统作为数字化改革从“152”到“1612”体系中的重要组成部分，是一项完全开创性的工作。我们的数字社会系统全体“战友”敢为人先、摸着石头过河，勇敢迈向无人区、驶入蓝海处。启动之初，我们就注重运用系统观念、系统方法推进数字社会系统的谋划和建设。我们始终坚持以人的现代化和社会全面进步为导向，结合共同富裕和社会建设高质量发展等重大任务，依托公共服务均衡可及等核心业务，突出富裕、均衡、文明、幸福四大图景，构筑了数字社会系统“四梁八柱”，响应群众呼声，从问题出发，识别重大需求，形成了“浙系列”“邻系列”“享系列”三大服务品牌，创建了揭榜、问需、路演、监测、评优、共建等系列推进机制，持续推动全社会共创共建共享数字社会建设成果，推进社会领域体系重构、制度重塑、能力提升、永续运营，形成了一批在全国具有普遍意义的重大标志性成果。浙里民生“关键小事”智能速办等获国务院主要领导批示肯定，入选了“二十大”成果展。更关键的是，数字化思维、认知、方法和手段正在社会事业建设各个领域中广泛渗透，各个层级纵向贯通。我们相信，这两年多的数字社会建设的“星星之火”，可以为数字浙江、数字中国建设加快形成“燎原之势”起到微薄之力。

“民富国强，众安道泰。”当前，全球经济社会数字化转型不断加速，新一代数字技术方兴未艾，人类正加速迈向数字社会这一全新的社会形态。数字中国已经上升为国家战略，我们应更好运用数字技术，提升社会领域战略目标谋划管理和战术任务的选择，落实“两战”能力，推动就业、分配、教育、医疗、住房、养老、托育等问题解决，加快构建普惠便捷的数字社会，为推进中国式现代化注入强劲动力，不断提升人民群众获得感、幸福感、安全感，谱写人民美好生活图景，为推动人的全面发展和社会全面进步做出新的更大贡献。

前　言

风起于青萍之末，浪成于微澜之间。数字世界的比特与物理世界的原子碰撞交织，逐渐绘就了美妙的、丰富的、可触及的数字社会图景。当前，新一轮科技和产业革命相互促进，数字技术从未像今天这样深刻、广泛地影响着国家的前途命运与人民的生活福祉。一方面，大数据、云技术、人工智能、元宇宙等新一代数字技术的蓬勃发展正快速改变着人类的生活生产方式，将人类带入了数字社会。从广义上来说，数字社会是一种从农业社会、工业社会中迭代演进而来的更高级的经济形态。它虽不可见，却如水银泻地、无处不在。另一方面，数字化带来的系统性、根本性的变革，为各个国家带来了治理、服务和决策模式的变化，得到了世界各国的高度重视。从狭义来说，数字社会是社会事业领域的数字化变革。我们应更好地运用数字化手段提供普惠均衡、便捷高效的社会公共服务，以满足人民对美好生活的向往。

中国作为数字化技术应用最为广泛的国家之一，高度重视数字中国建设。2017 年 10 月，习近平总书记在党的十九大报告中明确提出建设网络强国、数字中国、智慧社会，“数字中国”被首次写入党和国家纲领性文件，加快数字社会建设步伐成了数字中国建设的应有之义。2023 年 2 月，中共中央、国务院印发了《数字中国建设整体布局规划》(以下简称《规划》)，首次系统部署了数字中国建设的整体布局。建设数字中国是数字时代推进中国式现代化的重要引擎，是构筑国家竞争新优势的有力支撑。加快数字中国建设，对全面建设社会主义现代化国家、全面推进中华民族伟大复兴具有重要意义和深远影响。《规划》为数字中国建设指明了目标方向：到 2035 年，数字化发展水平进入世界前列，数字中国建设取得重大成就；数字中国建设体系化布局更加科学完备，经济、政治、文化、社会、生态文明建设各领域数字化发展更加协调充分，有力支撑全面建设社会主义现代化国家。数字社会成为数字中国建设五大主要业务之一。

浙江省作为数字化建设先发地区，高度重视数字浙江建设，以敢为人先、突破自我的姿态，以勇闯无人区、驶入蓝海处的勇气，一张蓝图绘到底、一茬接着一茬干，向更高处攀登、向更深处扎根、向更新处突破。2003 年，时任浙江省委书记习近平同志就以非凡的战略高度和前瞻视野在“八八战略”总体框架内对数字浙江的建设目标、主要任务、重点领域、组织实施进行了系统谋划和部署，引领浙江率先抓住了数字时代打造发展优势的战略机遇。2003 年，习近平同志指出，数字浙江是全面推进浙江省国民经济和社会信息化、以信息化带动工业化的基础性工程。在习近平同志的谋划下，《数字浙江建设规划纲要（2003—2007 年）》同年出台，明确数字浙江的建设核心是以信息化带动与提升浙江工业现代化，发挥信息技术在现代化建设中的推动作用。在社会数字化方面，明确了“社会公共领域信息化广泛开展，使信息化融入人们的日常生活，并大幅度提升城市信息化水平”的目标，这是浙江省域层面首次系统阐述数字社会建设。此后，“四张清单一张网”、“最多跑一次”改革、政府数字化转型都为数字社会的变革和突破积蓄了势能、孕育了场景、培养了人才。当数字化时钟来到 2021 年的数字化改革节点时，一场声势浩大、布局系统、场景丰富、节奏迅速的数字社会建设浪潮正式掀开。浙江省委、省政府提出了将数字化改革作为浙江迈向现代化和共同富裕“两个先行”的船和桥，并将数字社会作为数字化改革重要组成部分，明确由省委副书记领衔、省发展和改革委员会（以下简称“省发改委”）牵头推进。

潮起海天阔，扬帆正当时。浙江省发改委按照浙江省委、省政府总体部署，敢于担当、勇挑重任、攻坚克难，组建了以省发改委主要领导为组长，跨层级、跨部门、实体化的工作专班，抽调浙江省经济信息中心、阿里巴巴、华为技术、浙江日报等所属人员组建了技术团队，深刻领会中国式现代化的内涵外延和本质要求，坚持以人民为中心的发展思想，构建了数字社会“四梁八柱”，加强应用创新、理论创新、制度创新。数字社会系统贯彻浙江省委推进数字化改革总体部署，以建设共同富裕美好社会为目标，以人的现代化和社会全面进步为导向，以共同富裕改革、全面深化改革、数字化改革“三改联动”为思路，响应群众呼声，识别重大需求，推动社会领域体系重构、制度重塑、能力提升，形成了一批具有普遍意义的重大标志性成果，实现了数字社会系统从 0 到 1 的突破及持续向 N 的跃迁。浙里民生"关键小事"智能速办、"浙医互认"等获国务院主要领导批示肯定，改革突破凸显，成果丰富。推进过程中，数字社会系统着力统一话语体系，加快数字社会系统大脑能力建设，丰富医保大脑、健康大脑、人社大脑、交通大脑、体育大脑等领域大脑，谋划了"浙系列""邻系列""享系列"三大服务品牌，创建了问需、路演、监测、评优等系列推进机制，持续推动各界力量参与数字社会建设，形成群团共建、高校医院共融、企业共创、群众共促的建设路径，推动"实践—理论—实践"的螺旋式上升，推动全社会共创共建共享数字社会建设成果。数字社会建设是数字浙江建设的重要组成部分，为浙江省数字化改革美丽画卷泼墨增彩，也为全国推进数字社会建设提供了浙江示范。

一枝独放不是春，百花争艳春满园。浙江省在推进数字社会系统过程中，始终注重处理政府和市场的关系，以更好发挥市场在资源配置中的决定性作用、更好发挥政府作用。浙江省充分发挥多方协同作用，努力调动政府、市场、社会、老百姓各方的积极性，组建了一支由媒体朋友、群众网友、基层干部等组成的 40 多万人的体验员队伍。数字社会系统自启动以来，得到了浙江省委、省政府高度重视，得到了国家部门的指导，得到了国家信息中心、北京大学、浙江大学、浙江省大数据发展局、浙江省社会科学院、之江实验室、浙江省发展规划研究院、杭州电子科技大学、阿里巴巴、华为技术等知名智库、机构的专家指导，受益于省教育厅、省民政厅、省司法厅、省人力社保厅、省公安厅、省建设厅、省交通运输厅、省农业农村厅、省商务厅、省文化和旅游厅、省卫生健康委、省退役军人事务厅、省体育局、省医保局、省药监局、省大数据局等省级部门的大力支持，受益于省市县乡村五级联动和大力协同，受益于省工会、团省委、省科协、省残联、省妇联等群团组织的积极响应，受益于浙江广电集团、浙江大学医学院附属第一医院、浙江省肿瘤医院、温州大学、温州医科大学等企事业单位的踊跃参与，尤其是受益于广大百姓的“一呼百应”、热情参与，浙江省取得了一些成绩，走出了一条可持续运营的发展道路。团队在这里一并表示衷心感谢!

诚如数字化改革、数字社会系统建设是一项复杂的工程一样，本书的编制也是一项复杂工作，是撰写团队上下齐心协力、合力攻关的实践之作。本书的撰作团队基于多年数字化改革研究，特别是2021年1月数字化改革启动建设以来的实践、理论提炼，参考浙江省数字社会系统的实践，结合各地典型案例，从数字社会的概述、数字社会的理论内涵和体系、数字社会的重大应用建设、数字社会的探索实践、数字社会的创新运营机制等方面进行了生动阐述，绘就了一幅浙江省数字社会系统推进“全景图”。特别值得一提的是，团队成员由多位专家型领导领衔，由浙江省发改委社会发展和改革处牵头，由浙江省经济信息中心作为主要支撑单位，汇聚了一批数字化和业务研究复合型人才，强化“实践探索＋理论提炼”双轮驱动，强化“公共服务＋社会治理”相互贯通，强化“统筹协调＋亲身经历”相互促进，形成了一些具有普遍性创新价值的应用成果、理论成果和制度成果，旨在为同行提供可感知、可参考、可借鉴的数字化思维、认知、理念、方法、案例，共同为数字中国建设宏大远景添砖加瓦，助推现代化中国建设。

目　录

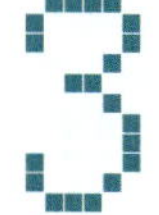

第一章
数字社会的概述

数字社会是统筹运用数字化思维、数字化认知、数字化技术加快社会形态重塑，展现富裕、均衡、文明、幸福的社会建设图景的重要抓手，是数字化改革的重要组成部分。本章内容系统地梳理了数字社会的产生、数字社会的发展历程以及数字社会相关研究。

第一节　数字社会的产生

数字社会是数字技术革命的产物之一，其理论基础是信息社会理论。本节内容将介绍数字社会的起源、国内外有关数字社会的研究概述，以及浙江省建设数字社会的基础和条件。

一、数字社会的起源

大数据、云计算、物联网（IoT）、人工智能（AI）与区块链等新兴数字技术集群在各领域广泛而深入的应用，使数字化成了全球经济社会发展的一大显著特点。数字技术革命从根本上改变了人们的生产、生活、思维方式，引领着整个社会的深刻变革。新技术的应用促进了生产要素和生产方式的变化，极大地提高了生产效率，也改变了社会结构和社会整体运作方式，促进了不同组织间的协同整合。“数据、算力、算法”的综合运用加快了人们的决策过程，使更快速地响应成为可能。社会固有的生产生活规律、组织形式、治理体系、法律制度规范等，都面临着数字时代全新发展逻辑的挑战与重塑[1]。

在这种全球范围都处于数字技术驱动大变革的新形势下，加快数字化转型成了构筑国际竞争新优势的迫切需要。美、欧、日、韩等世界主要发达国家和地区纷纷将数字化改革提上日程。例如，美国自 2011 年起展开数字战略布局，主要覆盖数字经济、数字政府和数字医疗相关领域；德国于 2016 年 3 月发布了《德国数字化战略 2025》，以“智能互联网”为核心发展经济；日本 2016 年提出“超智能社会（社会 5.0）”，特别强调通过数字技术应用推动国家科技创新。为推动新兴数字技术在经济社会各领域的深入应用，各国在机构设置、战略规划、政策法规等方面持续加大支持力度，争取抢抓第四次工业革命先机。全球数字技术创新版图、产业分工不断演变。2015 年底，在乌镇第二届世界互联网大会上，习近平总书记提出“推进‘数字中国’建设”。《中华人民共和国国民经济和社会发展第十三个五年规划纲要》明确将大数据战略上升为国家战略，为大数据及相关产业发展打开了前所未有的发展空间。党的十九届五中全会提出，要“加快数字化发展”。《中华人民共和国国民经济和

---

[1] 翟云、蒋敏娟、王伟玲：《中国数字化转型的理论阐释与运行机制》，《电子政务》，2021 年第 6 期，第 67–84 页。

社会发展第十四个五年规划和2035年远景目标纲要》对“加快数字化发展，建设数字中国”做出具体部署。数字技术崛起是一个稍纵即逝的时间窗口，提供了两个世纪以来难得的科技发展机遇，我们抓住了它就有机会弯道超车，成为赶超者甚至领跑者。浙江省尤其不能错失这一重要机遇。

二、国内外研究概述

“数字社会”的理论基础是信息社会理论。总体来看，信息社会的定义内涵是随着信息技术的深入发展及全球政治经济格局的变化而不断完善的，大致分为两个流派。对信息社会及其概念演变进行梳理和分析，有助于把握社会形态演进的继承性和创新性，从而更准确地理解数字社会的定义与内涵。

“信息社会”一词最早由日本学者梅棹忠夫于1960年代提出，随后的20年内，以弗里兹·马克卢普（Fritz Machlup）、彼得·F. 德鲁克（Peter F. Drucker）、马克·U. 波拉特（Marc U. Porat）等为主导的欧美学者系统地构建了信息社会理论和方法。该时期内的理论本质上探讨的仍是如何在工业社会这一大框架下突破发展瓶颈并实现转型，即如何将国民经济发展中结构框架的重心从物质性空间向知识性空间转变。“信息社会”这一概念尚未与互联网、人工智能等技术挂钩，仅仅是指社会经济增长由物质产品的生产逐渐转向知识生产。以电子计算机制造、电子通信、印刷、传媒、会计等为主的信息和知识产业成了经济增长的全新源动力并开始占据经济发展的中心地位。

步入 20 世纪 80 年代后期，随着以电子通信、互联网、计算机为代表的信息技术的发展和应用在全球范围内不断加速，专家学者提出应当对信息社会和工业社会加以区分，将信息社会视为继工业社会之后的新的社会形态。以曼纽尔·卡斯特（Manuel Castells）为代表的学者认为，一方面，基于互联网的传播效应，跨区域获取和处理信息的成本有效降低，这使经济活动更少受到时间和空间因素的制约，进一步推动了经济市场全球化；另一方面，以计算机和通信技术为主要手段来获取、加工、处理、存储、传递和提供信息，并借助各类先进技术，使整个生产过程实现了一定程度的自动化、数字化和网络化，进一步提升了成熟工业经济的生产效率。得益于信息技术革命，生产力得到了进一步的释放。

21 世纪以来，大数据、云计算、区块链、人工智能等数字科技开始推动经济社会的发展。信息化也由以互联网浪潮为特征的“表层信息化”进入以数字化浪潮为特征的“深层信息化”[1]。信息社会的理论在新形势下已无法适用。相应地，“数字社会”作为描述新的技术社会形态的总体性概念应运而生。然而，由于缘起于技术发展的

---

[1] 刘亭：《构造“数字浙江”》，浙江经济，2002 年第 6 期，第 2–3 页。

社会形态变革的宽泛性与复杂性，当前人们对于“数字社会”概念的理解并未形成共识。部分观点认为，数字社会是指网络时代的整个社会。亦有学者将数字社会定义为由于计算机网络技术飞速发展而催生出的拟社会化的赛博空间（Cyberspace）。实际上，社会作为数据生产、分配、使用和交换的主要场所，其生态已被数字技术深刻改变。现在的社会，既立基于物理时空又超越了物理时空，既能包容物理世界又对物理空间进行了数字化重建[1]。具体表现在：一方面，随着“社会的数字化”，即社会中各色人等留下的数据足迹逐渐累积，现实社会活动越来越多地以数据的形式表现出来；另一方面，“数字的社会化”，即数据足迹及其本身成为社会结构和过程的一个环节，从而不断塑造着新的社会秩序和关系。这两个关系连绵不绝地相互作用，使数据不再是现实社会的虚拟和映射，彻底与社会融为一体。如果仅将数字世界理解为对现实世界的简单映射，或是与现实社会相对应的“虚拟社会”，那就说明我们只重视“社会的数字化”而未看到同时存在的另一面——“数字的社会化”，更未注意到这两个方面已经实现高度融合，即社会不断地演变为数据，数据又不断地演变为社会。

---

[1] 马长山：《数字时代的法律变革》，浙江社会科学，2019 年第 12 期，第 4 页。

三、浙江省的建设基础和条件

数字社会建设并非空中楼阁，需要以网络化和网络空间为基础，借助大数据、云计算、物联网等信息技术，实现社会生产与社会组织关联形态的重构。浙江省作为中国数字化发展转型的前沿阵地，与其他兄弟省份相比具有明显的先发优势。

1. 浙江省数字基础设施建设水平名列前茅

2020 年，浙江省加快完善信息基础设施建设，网络覆盖率和保障能力不断提升。一是网民规模保持稳定增长。报告显示，浙江省宽带网络基础设施建设全国领先，网民规模和互联网普及率都高于全国平均水平。截至 2020 年 12 月，浙江省网民规模达到 5321.8 万人，互联网普及率为 82.4%，手机网民规模占全省网民总数的 99.7%。二是骨干网络层次得到大幅提升。浙江省率先建成全国首家新型互联网交换中心，完成义乌国际互联网数据专用通道建设，获批并启动舟山国际互联网数据专用通道建设，成为全国拥有国际互联网数据专用通道最多的省份之一。三是新型基础设施建设步伐加快。浙江省积极推动 5G 发展行动计划实施，广泛开展 5G 基站部署，截至 2021 年底共建成 5G 基站 11.36 万个，实现全省县城以上地区和部分重点乡镇覆盖。四是深化 IPv6 规模化部署，浙江省 IPv6 活跃度 84.63%，居全国前列[1]。

2. 浙江省以人为本的数字社会建设理念深入人心

坚持以人为本是数字社会的建设根本。是否从人民的切身利益出发开展数字社会建设直接关乎人民日常生活安全感、幸福感的获得。在改革开放初期的一段时间里，浙江省地方政府扮演了“经济型政府”的角色，一切工作都围绕经济展开。到了 20 世纪 90 年代后期，随着浙江省经济进入后工业时代，人民已不仅局限于物质生活上的满足，开始要求有品质、有尊严的生活。围绕这一诉求，浙江省委省政府开始把改善和保障民生放在各项工作的优先位置。自运用数字化手段赋能社会领域和民生建设以来，浙江省不断以实践赋予了“以人为本”更多新的内涵。从“智慧城市”“最多跑一次”到“互联网 + 益民服务”“城市大脑”，无不体现着浙江省让技术更好为人民服务、以提升群众获得感为根本出发点的建设原则。浙江省以公众需求为出发点，推动城市的公共服务和民生项目的数字化建设。近年来，在“最多跑一次”的改革延伸中，浙江省基于习近平总书记的“群众利益无小事”的指引，提出要以“小切口”解决“大民生”，以关键小事为改善民生的切入点，充分关切群众诉求，精准发力、持续发力，量力而行、尽力而为，扎扎实实办好民生实

---

[1] 浙江省人民政府:《浙江省互联网发展报告 2020》新闻发布会，2021 年 6 月 3 日。

事，持续增进民生福祉。

3. 浙江省搭建了高效的数字化便民服务平台

数字社会建设需要依托数字技术和便民服务平台。其中数字技术是核心，而便民服务平台则成为技术场景化应用的重要中介。浙江省通过便民服务平台与城市大脑，与其他数字化平台互联互通，真正将数字民生落实落地。数字化便民服务平台的打造是数字民生理念向数字民生创新实践落地的一大关键。浙江省在推进数字化进程中，已逐渐将单纯依托数字技术的政务平台构建成了全新的立体式、集约化、整体性的数字信息的治理平台与体系。浙江省广泛运用云计算、物联网、大数据、移动互联网、人工智能等数字技术，2014 年推出“四张清单一张网”建设，2015 年建设基层社会治理体系“四个平台”建设，2016 年开展“最多跑一次改革”，2018 年推进“政府数字化转型”，建成了覆盖全省的统一政务服务平台和政务服务 App，打破了信息壁垒，精简了服务流程，实现了民生事项一证通办、跨部门多事联办[1]。此外，浙江省在社区层面，建立社区智慧服务平台；在乡村层面，开展了“数字乡村一张图”的建设。从政府机关到城市社区，再到乡村社区，一个个数字化便民服务平台正在被加快建设，它们互相关联，形成了一张张为民提供掌上办、

---

[1] 中共浙江省委党校：《数字社会》，浙江人民出版社，2019 年，第 148 页。

就近办、快速办的高效服务网。

4. 浙江省形成了多方协同参与的数字社会体制机制

浙江省在数字社会的建设中十分重视企业等市场化力量的参与。数字社会与传统民生事业的不同之处在于，数字社会是应用数字化技术、平台与网络等，形成对社会资源的再分配、服务流程的再造，保障服务民生的水平、质量与范围的社会形态。这其中的基础和优势便是技术的应用与信息的共享。数字化技术在民生的应用与推广上，将不再局限于自上而下的行政体制上的资源分配。技术的应用与信息的共建共享为社会市场化力量的介入提供了契机。市场化力量将成为提升数字化技术在公共服务与民生建设中的应用效率的一大新引擎。数字产业良好的发展基础为市场化力量参与数字社会建设提供了有力的支撑。已有诸多企业开始深度参与到数字社会的具体项目建设中来，并发展形成了可复制推广、可实际操作的成功商业模式。例如，海康威视运用以视频为核心的物联网解决方案，从可视化的角度助力新型社区建设，通过管理居民生活场景实现了社区的智能化建设转型：打造了智能周界、“枪球联动”、红外相机、智能巡更、视频车位报警及违停监控，从高空、全局、总览等方向构建了可视化的安防体系；从社区管理上讲，人脸识别、人证比对、自助访客系统、楼宇自动梯控、App 联动付费、门禁管理、广告和信息发布等提升了住宅小区用户的体验感。

5. 浙江省涌现出一批数字化公共服务地域样本

浙江省数字社会应用场景不断丰富。为加快推进健康、教育、人社等公共服务数字化发展，让人民群众在数字时代有更多获得感、幸福感、安全感，浙江省深化全省医疗卫生服务领域数字化改革，推广互联网诊疗、掌上医疗等新型服务。截至 2020 年年底，全省互联网医院平台总计接入医院 768 家，全年平台业务量超过 1380 万人次。浙江省积极推进智慧教育发展，加快构建高质量数字教育公共服务体系，基础教育信息化发展指数连续 4 年位居全国第一；全面推进社会保障领域信息化，2020 年，“浙里养”智慧养老服务平台正式启动建设，覆盖浙江 80% 以上养老资源数据。

第二节　数字社会的发展历程

社会公共事业的信息化与数字化，是满足人民群众多样化多层次需要、促进社会主义精神文明建设的重要手段。早在正式提出“数字浙江”之前，浙江省就已建成了面向社会服务的国民教育、经济信息、科技信息的信息系统。同时，浙江省高度重视社会公共领域的信息化转型，多次对未来改革方向作出展望。浙江省信息化工作领导小组曾针对“十五”信息化建设，提出今后的城市信息化推进工作中，浙江省将注重加快发展面向人民群众的社会保障、公共服务等信息系统，从而提高城市的普遍服务与快速服务水平[1]。2002年召开的浙江省第十一次党代会再次指出，要以应用为突破口，推行公共服务领域的数字化、网络化，促进社区和家庭的信息化；要加强信息化在城市规划、城市管理和城市交通领域的应用，提高城市的服务管理水平，推动城市化进程[2]。此后，浙江省在社会领域数字化的道路上积极探索、不断成长，逐步以数字化浸润民生服务的提供和民生实事的建设。

一、起步探索期（2003—2007年）

2003年，浙江省出台《数字浙江建设规划纲要（2003—2007年）》（以下简称《纲要》）。在社会数字化方面，《纲要》明确了“社会公共领域信息化广泛开展，使信息化融入人们的日常生活，并大幅度提升城市信息化水平”的目标，提出了“全面推进数字城市建设，大幅提升城市服务功能”和“促进农村与农业信息化，有力支持‘三农问题’的解决”两大任务；对于初步建成“数字城市”的要求，强调着重抓好城市综合管理机构的信息化建设，以提高城市

1 《高起点建设“数字浙江”》，中国计算机用户，2001年，第13期，第31–33页。

2 《加快建设“数字浙江”》，今日浙江，2002年第14期，第14–15页。

综合管理能力和公共服务水平为目标，推进城市规划、建设与管理、劳动保障、国民教育、文化娱乐、应急服务以及能源、交通、建筑等领域的信息化；提出要基本建成全省三级公共信息交互平台。在社区层面,《纲要》提出，要积极推进数字社区的建设，把数字社区建设成为政府与居民相互沟通、为老百姓排忧解难的窗口，社区居民文化娱乐、教育培训、医疗救助及综合服务的应用平台；促进各级政府的电子政务、网上办事和社会公共服务直接进入居民家庭，有效服务于群众并接受群众的监督，同时加强对弱势群体的扶助。在农村方面,《纲要》要求促进农村与农业信息化，推进五级农业信息网络体系建设，为农户提供信息服务，以进一步缩小“数字鸿沟”。

通过五年的起步探索，信息化在实现浙江省从城乡二元发展向城乡统筹协调发展转变，从注重经济增长方式向注重民生发展转变方面的成效逐步凸显，为建设和谐社会发挥了积极的促进作用。浙江省数字城市建设取得新成果，重点实施了智能交通、城市规划、数字电视、突发事件应急联动、市民公共服务、本地数据交换、数字社区、“市民卡”、城市应急联动指挥系统等建设项目，在教育、科技、文化、公共卫生、劳动和社会保障、交通等社会公共领域有序推进了信息化工作；农业信息化务实展开，围绕统筹城乡发展，农业信息服务体系稳步推进，“农民电子信箱”“农村党员干部现代远程教育”等项目受到广泛好评。

二、全面建设期（2008—2015 年）

2008 年，“数字浙江”工作会议在杭州召开，会议提出，社会领域下一阶段工作的着力点是要稳步推进社会信息化，全面提升社会管理水平。一是要积极推进城市信息化重点建设工程，着力建设城市基础资源信息库和地理信息资源库，推进信息技术在城市规划、社会治安、公共卫生、智能交通、环境监控等领域的应用，构建城市管理、应急响应和公共服务信息平台，提高城市综合管理能力；整合社区法律、气象、医疗、旅游、家政等公共服务信息资源，构建社区综合便民服务信息平台。二是要大力推进农村通信网、广播电视网和互联网建设，完善农村信息基础设施，扩大信息网络的覆盖面，降低农村信息网络应用成本；抓好农村信息化试点工作，构建农村信息化综合服务平台，积极开发、整合涉农信息资源，利用信息大篷车等有效载体开展农民和中小企业信息技术培训，逐步完善“三农”综合信息服务体系；发挥农业龙头企业和专业协会的带动作用，推动信息技术在农业生产经营、农民教育培训、农村管理和服务、农村社会事业、农村基层组织建设等方面的应用。三是要加快教育科研信息化步伐，完善科研和网络基础设施，发展现代远程教育，推动教育与科研资源共享；加强公共卫生信息化建设，增强疾病控制和救治能力，推进医疗服务信息化；建设多层次、多功能的就业信息服务体系，改善技能培训、就业指导和政策咨询服务；

加强对常住人口和流动人口的信息化管理；健全危机管理和处置信息系统，加强对突发公共事件的预警和处理能力[1]。2009年，浙江省进一步提出，要以推进“基本公共服务均等化”为着力点，统筹城乡信息化协调发展；重点抓好农村信息化综合信息服务平台建设和应用、农村信息化试点示范、农村信息化培训、农业信息技术应用四项工作的推进深化，加快推进农村信息化建设；以社区信息化为抓手，推进公共信息服务平台建设，进一步推进城市信息化建设[2]。

从信息技术的发展角度看，信息化已经逐渐步入数字化、智能化的发展阶段。这个阶段出现了大量的新技术，如物联网、云计算、大数据等。如何运用新兴信息技术为城市发展进程中的问题提供解决方案一度成了热门话题。2008年，IBM公司提出“智慧的地球”战略，以期应用传感器等装置的物联网和云计算等新一代信息技术，实现人类社会与道路、电网、建筑和机器等物理系统的整合，使人类能以精细和动态的方式智慧地管理生产和生活状态。这一理念被世界各国所接纳。各国纷纷开启智慧城市建设规划。浙江省从2010年初，就率先在宁波开展了关于智慧城市建设的探索活动。此后智慧城市成为引领社会数字化转型的重要途径。

---

[1] 金德水：《求真务实 开拓创新 深入推进新形势下“数字浙江”建设》，信息化建设，2008年第4期，第6–8页。

[2] 高鹰忠：《浙江：“数字浙江”建设稳步推进》，中国电子报，2008年12月18日，第9版。

2011 年 10 月，浙江省人民政府办公厅印发《关于开展智慧城市建设试点工作的通知》(浙政办发〔2011〕107 号)。此后，浙江省坚持问题导向，以解决迫切民生难题为切入口，在医疗健康、城市管理、交通出行、能源管理、环境保护等老百姓最关注的民生领域先后分三批启动了 20 个智慧城市建设示范试点项目，力求解决居民生活痛点，提升居民生活智慧化体验。运营模式上，采用外包服务的模式来建设，以一个公司主体推进一个试点项目为路径，同时针对各项目组成立一站式服务，包括方案咨询与指导、实施协助、绩效评估等。全省不少试点项目建设取得了显著成效和示范效应。例如，通过实施“智慧健康”试点，基于信息化的个体医疗和防治结合的新型医疗卫生服务模式得到推广；“智慧高速”建立起覆盖全省高速路网的集协同管理、公众出行服务于一体的运营管理平台，使智慧出行深入千家万户。浙江省智慧城市的早期探索覆盖了城市公共服务和社会管理主要应用示范领域，为社会治理数字化打开了局面，奠定了良好基础。

三、增量提质期(2016—2020 年)

2016 年，浙江省人民政府印发了《浙江省“互联网 +”行动计划》(以下简称《行动计划》)，将“互联网 +”益民服务，纳入 11 个转型升级任务迫切、融合创新特点明显、人民群众最为关心的领域之中；通过实施《行动计划》，交通、健康、教育、文化等民生服务领域基本实现信息化管理和网络化运行。全省统一的交通物联网管理平台基本建成，实现省内人口信息、电子健康档案和电子病历三大数据库全覆盖并动态更新，各县（市、区）的居家养老服务信息系统基本建立。

与此同时，城市大脑等一批具有引领性、标志性的建设成果加速呈现。由政府、企业、大运营商主导的智慧城市建设在起步阶段仅强调信息技术与不同城市治理场景相结合，开发只面向具体的行业和具体的应用，导致了各部门之间的横向联系较弱、信息共享的程度不足，难以实现跨部门、跨层级的协同运作。在这种情况下，各种民生类应用往往停留在初级水平，智慧城市带给市民的体验感也十分微弱。为进一步让智慧城市实现“智慧”，“城市大脑”的概念逐渐进入人们的视野。城市大脑的想法和应用，最初源于“治堵”。在2016年10月召开的云栖大会上，杭州首次提出“城市数据大脑”的概念。提出通过“城市大脑”打破数据和信息壁垒，运用人工智能分析技术，形成城市交通实时大视图，进而有效调配公共资源，优化和提升道路通行效率。源于这样的朴素愿望，浙江省又在全国率先迈出了“城市大脑”建设应用步伐。相比于之前围绕智能硬件平台展开的智慧城市建设，城市大脑更偏重于充分利用基于信息基础建设所获得的数据资源，从而实现平台的分析和决策能力建设，进而提高城市的运行效率。而后，随着城市数字化的不断推进，城市大脑不断迭变，从原先的“治堵”向“治城”转变，逐步构建了“中枢系统 + 平台 + 数字驾驶舱 + 应用场景”的核心架构，基本实现市、区、部门间数据信息互联互通。2018 年 5 月，杭州市发展改革委员会联合杭州市数据资源管理局发布了《杭州市城市数据大脑规划》。同年 12 月，涵盖停车、医疗、文旅、基层治理等 9 大便民措施的“城市大脑”综合版发布，“城市大脑”进入 3.0 时代，从单一的交通治堵系统扩展成为服务民生、支撑决策的综合平台。经过不断迭代，杭州“城市大脑”3.0 版强化了感知能力，增加了舒心就医、欢快旅游、便捷泊车、街区治理等便民服务内容。2019 年 6 月，《浙江省“城市大脑”建设应用行动方案》正式出台，开启了“一市一脑”的全面建设。各地聚焦民生热点和市域治理难点堵点，运用数字技术谋划建设跨区域、跨部门的场景，积极开展多业务协同应用创新。

2018 年，全省开始深化数字浙江建设。浙江省数字社会建设翻开新篇章，面临着社会领域的数字化转型重任。2018 年 7 月，浙江省人民政府办公厅印发《浙江省数字化转型标准化建设方案（2018—2020 年）》（以下简称《方案》），《方案》要求在数字社会领域，推动城市、教育、医疗、交通、文旅、就业、扶贫、养老、公共安全和乡村服务等十大应用场景数字化转型；力争到 2022 年，各类社会服务完成向个性化、精准化、主动推送转变，省内群众办事将更加方便，生活品质将更高；在继续推动公共服务智能化方面，提出实施基本公共服务指导性目录及标准，构建社会公共服务标准库，同时强化乡镇（街道）便民服务中心、村（社区）代办点等公共服务标准的制定、实施与评价；强调要提升文化、教育、医疗等领域数字化产品和服务模式标准化水平。

2019 年，浙江省印发《关于做好 2019 年全面深化改革工作的通知》，推动“最多跑一次”改革向纵深发展。该通知的最大亮点是：办事事项是“最多跑一次”改革的最小单元，梳理好办事事项首先要统一“一件事”的标准。通知明确提出，要从群众和企业办事的角度做好“一件事”梳理归集，围绕公民个人全生命周期梳理出生、上学、就业、结婚、生育、置业、就医、退休、养老、殡葬等“一件事”，基本做到 360 度无死角全覆盖。同时要求，推动改革进一步向公共服务领域延伸，以“最多跑一次”的理念，全面创新医疗健康、教育培训、社会保障、残疾人服务、救助抚恤、精准扶贫、文化旅游、公用事业、交通出行、法律服务、科技服务等方面工作，进一步提升人民群众的获得感。

四、突破深化期（2020 年后）

2020 年是极不平凡的一年，新冠疫情突如其来，浙江省作为数字经济大省，充分利用大数据、人工智能、云计算等数字技术，为统筹抓好疫情防控和经济社会全面发展特别是在疫情监测分析、病毒溯源、防控救治、资源调配等方面发挥了重要支撑作用。一方面，创造了“一图一码一指数”[1]精密智控机制，运用数字技术赋能疫情防控和安全复工，体现了深厚的数字化治理底蕴。另一方面，精准指导生活生产，切实做好民生保供、推动复工复产，紧急启动了数字生活新服务“一期工程”，取得积极成效。“宅经济”与“云生活”等消费模式得到拓展，无接触式购物、配送、在线消费等新业态在短期内得以快速发展，线上零售呈现逆势增长。实施的“六个网上”即“网上菜场、网上餐厅、网上超市、网上家政、网上市场和网上培训”，极大便利了人民群众的生活，为疫情防控和市场保供做出了贡献。

2020 年，浙江省数字化发展的一大关键举措就是制度建设。浙江省在全国率先出台了一系列地方性法规制度。其中，包括 2020 年 6 月 4 日浙江省人民政府第 44 次常务会议审议通过的《浙江省公共数据开放与安全管理暂行办法》（浙江省人民政府令第 381 号），围绕促进和规范公共数据开放、促进政府数字化转型、推动数字经济和数字社会发展、保障公共数据安全，提出了浙江方案和举措。2020 年 12 月 24 日，经浙江省第十三届人民代表大会常务委员会第二十六次会议通过的《浙江省数字经济促进条例》（以下简称《条例》），是全国第一部以促进数字经济发展为主题的地方创制性法规。

[1] 指五色疫情图、健康码和智控指数（管控指数 + 畅通指数）。

《条例》有众多涉及数字社会建设的相关规定，主要包括：一是规定政府及有关部门应当按照整体智治要求推进政务服务、政府办公全流程网上办理、掌上（移动端）办理，并规定行政执法掌上办理等政府数字化转型的具体手段；二是要求加强“城市大脑”和智慧城市建设，促进现代信息技术在乡村治理中的应用；三是明确加强数字教育、智慧医疗健康、智慧养老体系建设的基本路径和目标；四是要求加强综治工作平台等基层治理“四平台”建设运营，并明确未来社区示范建设的基本要求；五是关注解决老年人数字鸿沟问题，要求按照优化传统服务与创新数字服务并行的原则保障老年人等群体基本服务需求，改善服务体验。

第三节　数字社会内在逻辑

数字社会是推动社会领域数字化、智能化的过程，注重运用数字化技术、思维、方法来改革提升社会建设核心业务，更好推动共同富裕发展、改善民生服务、强化社会治理。

一、数字社会与民生服务

一枝一叶总关情。习近平总书记强调，“坚持以人为本、执政为民，最终要落实在一件一件的实事之中。这些实事，既体现于推动经济社会发展和惠及全社会的‘大事’，也体现在与老百姓日常生活息息相关的家门口的‘小事’”[1]。

民生服务是指通过政府权力介入或公共资源投入，满足人民群众生存和发展等需求的服务，具体包括基础教育、医疗卫生、社会保障、公共安全、环境保护、基础设施等。民生服务供给能力和水平是衡量国家和政府治理能力和绩效的重要标准[2]。21世纪以来，基本公共服务已经从总量供不应求转向总体平衡，结构性、区域性矛盾更加突出的新阶段。[3]党的十九大报告指出：“必须多谋民生之利、多解民生之忧，在发展中补齐民生短板、促进社会公平正义，在幼有所育、学有所教、劳有所得、病有所医、老有所养、住有所居、弱有所扶上不断取得新进展，深入开展脱贫攻坚，保证全体人民在共建共享发展中有更多获得感，不断促进人的全面发展、全体人民共同富裕。”[4]

---

1. 习近平:《之江新语》，杭州，浙江人民出版社，2013年。
2. 汪锦军、易龙飞:《品质民生：浙江民生服务的创新与发展》，杭州，浙江工商大学出版社，2020年，第225页。
3. 孙晓莉、宋雄伟、雷强:《改革开放40年来我国基本公共服务发展研究》，理论探索，2018年第5期，第5−14页。
4. 习近平:《决胜全面建成小康社会夺取新时代中国特色社会主义伟大胜利——在中国共产党第十九次全国代表大会上的报告》，人民日报，2017年10月28日，1−5版。

数字化在推动民生服务便捷高效、均衡普惠、融合协同等方面具有独特优势，理应更好运用线上线下结合等方式，在更好解决公共服务发展不均衡、不充分等方面发挥作用。

1. 浙江省数字民生服务发展历程

改革开放初期，浙江省地方政府主抓经济发展。到了20世纪90年代后期，后工业时代来临，人民群众对生活品质有了更高要求。基于这一转变，浙江省委省政府开始把改善和保障民生放在各项工作的优先位置。

2005年7月，浙江省委十一届八次全会提出加快建设文化大省的部署，提出了增强先进文化凝聚力、解放和发展文化生产力、提高社会公共服务能力，实施文明素质工程等“八项工程”，加快建设教育强省、科技强省、卫生强省、体育强省的目标要求。

2008年浙江省委十二届三次会议提出《中共浙江省委关于全面改善民生，促进社会和谐的决定》，强调把改善和保障民生作为各项工作的优先位置，从浙江教育、就业、收入、社保、医疗、文化、环境、社会稳定等8个方面制定了改善民生的工作重点和目标，逐步形成覆盖城乡、惠及全省人民的基本服务公共体系。

2009年，浙江省政府工作报告进一步提出全面实施“创业富民、创新强省”总战略，扎实推进“全面小康六大行动计划”，着力保增长、抓转型、重民生、促稳定，努力推动经济社会又好又快发展。

2011 年 1 月的浙江省政府工作报告提出抓统筹、惠民生、保稳定，统筹城乡发展、区域发展、经济社会发展、人与自然和谐发展，增强综合竞争力、可持续发展能力和抗风险能力，为“十二五”时期经济社会又好又快发展打好基础。

2016 年，浙江省人民政府印发了《浙江省“互联网 +”行动计划》，强调促进“互联网 +”益民服务创新发展；通过实施《行动计划》，交通、健康、教育、文化等民生服务领域基本实现信息化管理和网络化运行；全省统一的交通物联网管理平台基本建成，实现省内人口信息、电子健康档案和电子病历三大数据库全覆盖并动态更新，各县（市、区）的居家养老服务信息系统基本建立。

2019 年 6 月，浙江省印发《浙江省“城市大脑”建设应用行动方案》，按照“一市一脑”的建设要求，截至 2020 年年底，温州、台州的“城市大脑”上线使用，宁波、衢州、湖州的“城市大脑”进入迭代升级阶段，丽水、嘉兴、绍兴、舟山等地正加快建设进度。各地聚焦民生热点和市域治理难点堵点，运用数字技术谋划建设跨区域、跨部门的场景，积极开展多业务协同应用创新。

2020 年 2 月，浙江省启动“数字生活新服务”工程，推进网上菜场、网上餐厅、网上超市、网上家政、网上市场和网上培训“六个网上”；同年 6 月，出台《关于实施数字生活新服务行动的意见》，深化细化推进生活性服务业数字化，构建现代消费体系。

2. 数字民生服务的举措和成效

民生服务数字化是数字社会建设的基础，其关键是以“满足人民全生命周期公共服务需求”为出发点，持续迭代提升“婴育、教育、就业、居住、文化、体育、旅游、医疗、养老、救助、交通、家政”等社会事业各领域的数字化能力，更好实现“幼有所育、学有所教、劳有所得、住有所居、文有所化、体有所健、游有所乐、病有所医、老有所养、弱有所扶、行有所畅、事有所便”数字化服务。

（1）实现民生事项“一证通办”。“一证通办”等改革措施成为数字民生服务的全新名片。“一证通办”改革是指以数据共享精简办事材料，简化办事流程，以公民身份证号码作为唯一标志，依托大数据、云计算技术，实现涉及政务服务事项的证件数据相关证明信息等跨部门、跨行业互认共享。“一证通办”改革的实施，不仅给群众带来了便利和获得感，更是撬动了社会事业各领域全面深化改革。浙里办正式上线“公安专区”，打造全天候的“掌上派出所”，包含户籍、出入境、车驾管、监管、网安等5大类144项的公安政务服务将实现“一证通办”，群众只要凭一张有效身份证件即可办理。其中73项可实现“零跑腿”，群众通过手机、电脑就能全流程办结；71项可实现“跑一次”，群众在手机、电脑上完成申请，再到现场完成核验、确认，就能办好。如一证通办的“期满换驾驶证”业务，过去需要体检、拍照、取号、受理、缴费、制证等 6 个环节，排 6 次队，花半天时间才能办结，现在通过“浙里办”在线申请，群众无须跑腿，无须提交其他材料，只需 20 秒即可手机一键办成

（2）实现跨部门“多事联办”。跨部门“多事联办”是指集成个人出生、入学、退休、殡葬，企业开办、投资、获得信贷等 41 个多部门联办“一件事”，实现网上办、掌上办。以出生“一件事”为例，2019 年，浙江省委改革办、卫生健康委、公安厅、医保局和大数据局联合制定并印发了《浙江省推进出生“一件事”“最多跑一次”改革实施方案》，推动出生“一件事”一站式联办、一体化服务。出生“一件事”一站式联办，指的是在全省各级设有产科的医院出生且符合省内落户、参保登记等政策的新生儿，均可在医院或行政服务中心一次性办理预防接种、出生医学证明、落户、参保登记、社保卡申领等出生事项。目前，出生“一件事”已推出 2.0 版并上线“浙里办”，卫生健康部门的“出生证明”、公安部门的“户口登记”、医保部门的“医保参保”、人力社保部门的“社保申领”可实行跨部门联办，群众需提供的材料从 10 余份精简到 1 份，办理时间从 10 余天压缩到几小时。

（3）创建“无证明城市”。浙江省探索“无证明城市创建”改革，以“最多跑一次”改革和数字化转型为契机全面清理各类证明材料，最大限度地为群众和企业提供便利。以义乌市为例，义乌市开展了“横向到边、纵向到底”的拉网式梳理，横向涵盖政府机关、

公共民生服务机构和金融机构（银行、保险），纵向细分至市级机关、镇（乡）和村（社区）三个层级；在进行了充分的风险评估后，实行了六个“一律取消”，如凡是没有法律法规明确规定的证明材料，一律取消。义乌市的创新举措大大提高了群众获得感，减轻了基层压力，也体现了政府善治的人文关怀和提升了政府的治理水平。

（4）打造“移动办事之城”。2014 年以来，浙江省不断深化全省统一架构、五级联动的浙江政务服务网建设，形成了全省事项清单统一发布、网上服务一站汇聚、数据资源集中共享的“互联网 + 政务服务”体系。如今，“浙里办”已推出数字社会专区、公安专区、医疗保障专区、互联网医院、电子票据查验、一证通办等一批便民利企服务，上线电子驾驶证行驶证、电子婚姻登记证、电子健康医保卡等 60 余张“网证”。例如杭州市“移动办事之城”主要依靠“杭州办事服务”App 和“杭州办事服务”综合自助机两种载体来实现。一方面，“杭州办事服务”App 于 2018 年 5 月上线试运行，主要服务内容以政务服务和便民服务为主，已实现认证、预约、咨询、查询、受理、支付、办结、评价等办事服务功能，线上 App 与线下办事大厅的部分业务融合。“杭州办事服务”App 内可以实现 300 多项政务服务、便民服务随时可办，包括流动人口居住登记、住房公积金个人账户信息查询等超高频率事项。另一方面，在综合自助机建设方面，杭州市积极打造“15 分钟办事圈”，70% 以上公民个人办事事项可以实现就近可办、全时段可办，使政务服务突破了办公时间、办事空间的限制，极大地提升了老百姓的办事服务体验。

二、数字社会与社会治理

基层治理是国家治理的基石，是实现国家治理体系和治理能力现代化的基础工程。习近平总书记反复强调，基层强则国家强，基层安则天下安；要不断夯实基层社会治理这个根基。2021 年 4 月，中共中央、国务院下发《关于加强基层治理体系和治理能力现代化建设的意见》，提出要增强乡镇（街道）行政执行、为民服务、议事协商、应急管理、平安建设五大能力。

推进基层智治系统建设，是体系化破解基层治理难题的有效之举。基层治理是党联系服务群众的“最后一公里”，也是人民群众感知公共服务效能和温度的“神经末梢”。近年来，浙江省深入贯彻习近平总书记关于加强基层治理的重要论述精神，加快推进“基层治理四平台”建设，着力破解基层治理中存在的难点、痛点、堵点问题，及时回应人民群众多层次、差异化、个性化的新需求、新期待，推动基层治理方式从行政性单一化管理向党领导下的多元共治转变，从硬性管理向柔性治理转变，从传统粗放式管理向现代精细化治理转变，逐步实现基层治理从分散走向集中、从零碎走向整合、从部分走向整体。

（一）基层智治系统的建设目标

1. 总体目标

以数字化改革推动基层治理科学化、精准化、协同化、高效化，做到信息全渠道归集、事件全流程闭环、业务全领域融合、能力全方位提升，形成“通”“统”“制”“智”全面融合的基层治理体系。数字赋能新型治理形态和治理模式，为推进治理体系和治理能力现代化提供系统性解决方案，实现基层治理方式由“自上而下”，向“上下互动”转变、由“单打独斗”向“协同共治”转变，全面构建省市县乡村网格一体贯通、线上线下实时联动的整体智治格局。

2. 分领域目标

第一，党对基层治理的全面领导进一步强化。围绕深化“县乡一体、条抓块统”改革，以“红色根脉强基工程”大推进大落实年行动为总载体，以现代社区建设为主平台，以扎实推进党建统领网格智治为突破口，构建形成党建统领、平战一体、集成协同、精密数智的新型网格治理体系，为基层智治系统建设提供组织保障和底座支撑。

第二，基层智治大脑能力进一步提升。基于一体化智能化公共数据平台，实现全省域全时空多维度采录感知网重要领域“应覆尽覆”，依托智能要素超市推动基层智治大脑智能要素分级归集，依托智能服务中心提供日常履职和战略目标管理等智能化服务，推动多维集成支撑作用持续发挥、战略决策赋能效果持续显现。

第三，“一件事”集成改革进一步落地见效。聚焦党建统领、经济生态、平安法治、公共服务等4条跑道的全领域业务，围绕各类重要、高频、急迫、多跨的办事事项、治理事项，通过数字赋能、业务协同、流程再造、制度重塑，集成为跨部门、跨领域、跨层级的“一件事”联合办理，实现“全周期”闭环管理，全面提升基层治理效能，推动实现县域整体智治、高效协同。

第四，“四治融合”的城乡基层治理体系进一步完善。进一步加强党建统领，通过健全村（居）民自治机制、推进基层法治建设、发挥德治先导作用、提升基层智治能力，持续形成“四治融合”城乡基层治理体系的改革创新成果、典型实践成果、数字应用成果、政策制度成果。

（二）基层智治系统的重点任务

1. 强化党对基层治理的全面领导

推动乡镇（街道）职能体系重构，综合考虑乡镇（街道）地理区位、人口规模、产业特点和经济社会发展水平等，科学确定功能定位，实行分类管理，差异化配置乡镇（街道）职能职责和机构编制资源，构建党委领导、党政统筹、平台运行、岗位管理的组织体系和运行模式。

推动乡镇（街道）干部队伍重塑，提升乡镇（街道）党（工）委统筹能力，完善乡镇（街道）派驻人员管理机制，优化乡镇（街道）干部多维考评方式，持续推动乡镇（街道）领导班子和干部队伍结构功能、能力素质、成长路径、工作体系和团队文化“五个重塑”，打造政治过硬、现代化建设能力强的基层执政骨干队伍。

推动编制资源力量重组，推进县直部门人员编制向乡镇（街道）下沉，乡镇（街道）行政人员与事业人员、乡镇（街道）之间行政事业编制、乡镇（街道）与部门派驻机构人员编制可统筹使用，推动人员编制向任务重的乡镇（街道）和领域倾斜，提高编制资源和人员力量配置效率。

推动基层治理构架重整，科学划分网格，建强最小治理单元和作战单元，健全镇街、村社、网格、微网格（楼道 / 楼栋）四级基层治理构架，破解融合型大社区大单元等治理难题，提升基层平战转换、应急处突能力。

2. 迭代升级“141”体系

推进县级社会治理中心建设，迭代升级社会矛盾纠纷调处化解中心为县级社会治理中心，协同联通“12345”政务服务便民热线、“民呼我为”统一平台、“互联网 + 监管”平台、110 接处警系统、网络舆情监管等数据资源，打造集运行监测、矛盾调处、分析研判、协同流转、应急指挥、督查考核于一体的县级社会治理中心。

夯实乡镇（街道）“基层治理四平台”，突出权责清晰、扁平一体，将综治工作、监管执法、应急管理和公共服务四个平台迭代为党建统领、经济生态、平安法治、公共服务四个平台，全面涵盖乡镇（街道）的核心业务。加强乡镇（街道）综合信息指挥室建设，科学设置岗位，赋予对“基层治理四平台”的指挥权、督导权和考核权。健全完善事项受理、分析、流转、处置、督办反馈、考核等闭环管理机制。

深化基层网格治理，按照“1+3+N”模式配备治理团队，“1”就是1名网格长，一般由村（社区）干部担任；“3”就是1名专职网格员、1名兼职网格员、1名包联干部担任的网格指导员；“N”就是网格内的其他包联干部、专业执法力量、基层党员干部、在职党员、志愿者等。立足战时需要强化平时准备，健全村（社区）、网格与包联部门常态联系机制，推动应急演练向网格延伸。健全战时响应机制，突出扁平指挥、高效动员、精密智控，推动网格全面嵌入县乡村应急体系，提高组团作战能力。

3. 推进基层治理“一件事”集成改革

按照“大场景、小切口”理念，梳理推出一批重要、高频、急迫、多跨的基层治理“一件事”集成改革项目。建立健全基层治理“一件事”一本账，研究制定基层治理“一件事”改革相关标准，推进“一件事”协同流程和治理机制标准化规范化。依托“基层治理四平台”，推动基层治理“一件事”全流程线上运行，探索基层治理“一件事”自主分析和预警功能，形成基层治理“一件事”场景化应用，构建“精准识别、自动流转、即时响应、全程可控、量化评估”的智治支撑体系，实现一体化智能化高效办理和闭环处置。

4. 推进基层智治大脑建设

省，市，县（市、区）分级共建基层智治大脑，构建智能要素，智能模块集成、共享、调用和提供服务的路径，形成省级中心节点、市级汇聚节点及县（市、区）应用服务节点的三级分布式部署构架。其中，全时空多维度采录感知网主要由市，县（市、区）建设，多维集成域以智能要素超市形态（数据、算法、模型、知识的共享平台，对应多维集成域）由省，市，县（市、区）三级部署，日常履职与战略决策赋能中心以智能服务中心形态（智能模块的共享平台，对应赋能中心）由省，市，县（市、区）三级部署。

5. 完善“四治融合”城乡基层治理体系

健全村（居）民自治机制，建立健全重大事项决策“五议两公开”、村（居）民代表大会等机制，不断健全基层群众自治制度。丰富民事民议、民事民办、民事民管的多层次基层协商模式。引导乡贤在村（社区）党组织领导下依法依规参与基层治理。完善社区党组织领导下的居委会、业委会和物业公司的议事协调机制，探索无物业管理小区的自我管理机制。推进基层法治建设，坚持和发展新时代“枫桥经验”。推进基层合法性审查全覆盖，完善基层公共法律服务体系。发挥德治先导作用，推动社会主义核心价值观融入村规民约、社区公约，加强乡风文明建设，推进移风易俗。健全村（社区）道德评议机制，构建新时代乡村诚信体系。提升基层智治能力，推进村（社区）基础设施数字化改造，强化数字化技术应用。拓展推广“四治融合”相关应用场景，与基层治理四平台建立双向流转机制，建立以智治为支撑，自治、法治、德治相融合的城乡基层治理体系。

总而言之，数字社会的建设可以更好推动基层治理。一方面，通过数字社会改善基层公共服务，可以提升老百姓满意度，降低基层治理成本；另一方面，通过数字社会省级多跨场景应用贯通到基层智治系统，既可以实现省里丰富资源向基层注入，又可以收集基层百姓真实民意、真正需求、真心期盼。

三、数字社会与美好生活

城市和乡村是人类生存的社会空间，而社区、乡村是缩小版的社会。数字社会可以更好运用数字化技术、思维和理念，打造“城市大脑 + 未来社区 + 未来乡村”的核心场景，加快建设数字化的社会空间、提供共享化的社会服务、实施精准化的社会政策，实现数字社会的共建共享共治，更好满足老百姓不断增强的对美好生活的向往。

1. 城乡区域公共服务供给均衡

深入推进公共服务一体化，以标准化推动基本公共服务均等化，不断提升城乡社区服务平台和服务能力的标准化，持续缩小城乡区域公共服务供给差距，使城乡、区域基本公共服务更加普惠均等可及，城乡社会更加和谐有序[1]。

2. 现代化基本单元高质量建设

通过线上线下结合，全省域推进城市未来社区创建，实施未来社区“三化九场景”推进行动，即人本化、生态化、数字化“三化”，以及邻里、教育、健康、创业、建筑、交通、低碳、服务、治理“九大场景”。迭代提升未来社区智慧服务平台。按照未来社区理念实施城市更新改造行动，加快推进城镇老旧小区改造，基本完成 2000 年底前建成的需改造城镇老旧小区改造任务。推动老旧社区“微更新”，推进无障碍环境建设，打造多功能、复合型、亲民化社

[1] 浙江省民政厅：《坚决扛起强基兜底赋能职责 在共同富裕示范区建设中再立民政新功》，政策瞭望，2021 年第 7 期，第 44-47 页。

区精致生活场景。全域推进乡村新社区建设，持续深化“千村示范、万村整治”工程，实施微改造，推进农村基础设施、公共服务核心功能配套标准化建设，所有行政村实现新时代美丽乡村达标创建，建设万个新时代美丽乡村精品村。开展未来乡村建设试点，迭代升级未来邻里、现代产业、公共服务、乡村文化、特色风貌、绿色低碳、乡村善治等场景，建成一批引领品质生活体验、呈现未来元素、彰显江南韵味的示范性乡村新社区。推进农业转移人口市民化集成改革，在公共服务领域深化新型居住证制度，推进基本公共服务向常住人口全覆盖。迭代提升未来社区（乡村）智慧服务平台，为未来社区和未来乡村提供共建共治共享的邻里互助和便利生活场景。

第四节　数字社会建设的重要意义

数字化改革走的是一条先易后难、由浅入深、以点带面、整体推进和重点突破相促进的改革之路，我们必须保持战略定力，聚焦战略目标、预期成果，持续精准发力。数字社会系统又是五大系统中与老百姓关系最密切的，是共同富裕示范区建设成效看得见、摸得着、真实可感的重要体现。五大系统中，数字社会的百姓获得感最强。我们应边学边干、共同提升，进一步深化对数字社会系统的认识、理解和把握。

一、数字社会是落实数字浙江、数字中国战略决策的自觉行动

2003 年，习近平总书记在浙江省第十届人代会第一次会议上提出了“数字浙江是全面推进浙江省国民经济和社会信息化、以信息化带动工业化的基础性工程”的重要指示，成为引领浙江发展总纲领“八八战略”的重要内容。党的十八大以来，习近平总书记高瞻远瞩，敏锐地把握世界科技革命态势，系统部署了网络强国、数字中国、智慧社会等重大战略。建设“数字中国”被写入党的十九大报告。加快数字社会系统建设，是落实总书记号召的浙江行动。浙江省将通过主动引领数字变革，充分释放数字化改革的放大、倍增和叠加效应，为建设数字中国、智慧社会提供经验和做法，让更多的老百姓共享数字红利。

二、数字社会是践行“以人民为中心”发展思想的生动实践

“以人民为中心的发展思想”是习近平总书记 2015 年在党的十八届五中全会上提出的治国理政方针；坚持人民至上，是党的十九届六中全会总结党的百年奋斗得出的一条十分重要的历史经验。“以人民为中心”不是一个抽象的概念，不能只停留在口头上。数字

化改革的五大系统中，数字社会系统与人民群众关系最直接、最紧密，浙江省坚持把“以人民为中心”的发展思想贯穿到数字社会系统建设的全过程和各方面，落实习近平总书记强调的“要运用大数据促进保障和改善民生，让百姓少跑腿、数据多跑路”的具体指示。浙江省将聚焦人的全生命周期公共服务，打造民生重大应用，解决好人民最关心最直接最现实的利益问题，努力实现好、维护好、落实好人民群众根本利益，推动社会变得更公平、更安全、更和谐、更美好、更有温度。

三、数字社会是助力高质量发展建设共同富裕示范区的核心要义

党中央、国务院赋予浙江省率先探索高质量发展建设共同富裕示范区的光荣使命。人的全面发展和社会全面进步，既是高质量发展建设共同富裕示范区的目标，也是数字社会系统建设的目标，两者高度吻合。共同富裕有没有建成，评价权不在党委政府，而在于群众。数字社会系统建设，是助力共同富裕示范区建设的一项突破性系统性工程。浙江省将通过统筹运用数字化思维、数字化手段、数字化技术，引领、撬动、赋能现代化，打破思维定式和路径依赖，在数字化场景下打造新型社会服务和社会管理载体，加快社会空间智能化、社会政策精准化、社会服务均等化、社会制度法治化、社

会结构合理化、社会治理现代化，高效协同、联动解决社会问题，推动共同富裕。

四、数字社会是体现治理能力现代化的重要举措

治理体系和治理能力现代化是全面深化改革的总目标，也是浙江省数字化改革的明确指向。从治理能力来说，数字化改革能显著提升社会运行的精准感知能力、公共资源高效配置能力、公共安全风险预警预判能力，强化对社会治理实践与创新的引领作用。从治理体系来说，数字社会系统建设有利于完善党委领导、政府负责、民主协商、社会协同、公众参与、法治保障、科技支撑的社会治理体系，打造共建共治共享社会治理格局，实现自治、法治、德治、智治融合。从治理效果来说，数字社会系统建设有利于实现社会治理和民生服务融合互促。浙江省将运用数字技术打造多跨场景应用，促进政府治理和社会自我调节、居民自治良性互动模式，用数字化改革办法解决过去想管却管不到、管不了、管不好的社会领域薄弱环节和难点堵点问题，实现整体性和制度性跃升。

第二章
数字社会的理论内涵和体系构建

数字社会这一概念在演变的过程中有其独特的内涵。浙江省在实践中逐渐探索出数字社会的体系架构和应用建设路径。本章内容将具体阐释数字社会的理论内涵和体系构建。

第一节 数字社会的内涵

作为一个正在发展中的开放性命题，数字社会尚未形成具有普遍共识的一般性定义。本节内容将对数字社会的广义定义和浙江定义进行总结归纳。

一、数字社会的广义定义

科学技术的不断发展为社会带来了迅猛的变化。根据技术社会形态理论，不同的技术将造就不同的社会形态。信息技术革命是继农业革命、工业革命后出现的第三次技术革命，推动社会向一种全新的形态迈进。对于这一阶段，较为公认的说法是“信息社会”。由于信息革命自身仍在不断成熟和深化，新形态也在不断地变迁，继续沿用“信息社会”一词已无法概括新的社会的特质。然而，各界对下一阶段的社会形态定义并不统一，定义之一便是数字社会。数字社会作为一个正在发展中的开放性命题，尚未形成具有普遍共识的一般性定义。从广义来说，数字社会是继农业社会、工业社会之后以数字技术为基础的全新的经济社会发展形态。它不仅带来了新技术、新理念、新观念、新模式，而且对社会生产、人民生活、经济形态、国家治理、国际关系等方面均产生重要而深远的影响，已全面融入了经济、政治、文化、社会、生态文明建设全过程。

二、数字社会的浙江定义

2018 年,《深化数字浙江建设实施方案》正式印发，提出“聚焦政府、经济和社会三大数字化转型领域，系统布局深化数字浙江建设”，其中全面强调“全面构建以人为本、智慧安全的数字社会”，要求“以满足人民日益增长的美好生活需要为出发点，以深入推动智慧城市建设为契机，极大提升城市、教育、医疗、交通等十大社会服务场景的普惠化、精准化和线上线下融合水平”。

2021 年，浙江省委召开全省数字化改革大会，要求聚焦党政机关、数字政府、数字经济、数字社会、数字法治五大板块，全面部署工作。数字社会是社会事业领域的数字化改革，是浙江省数字化改革“152”体系的重要组成部分，与党政机关整体智治、数字政府、数字经济和数字法治有机构成数字化改革“五大系统”。时任浙江省委书记袁家军反复强调，数字社会建设的重中之重是抓好场景应用，让群众有获得感、幸福感，要着重围绕解决城市治理、百姓生活中的突出问题，进行整体研判、智慧决策、协同智慧，推动社会可持续发展，包括城市、乡村在内的社会空间中的所有人都是数字社会系统建设的主要使用对象。与此同时，为了提高社会治理的科学性、精准性和有效性，数字社会系统也要为各级政府等社会治理者提供数字化、智能化服务。因此，数字社会系统建设的努力方向是加快从条线推进向一体化推进转变、从数字赋能向制度重塑转变、从技术理性向制度理性转变，努力将数字化理念和实践贯穿于社会事业改革的全过程。

明确社会公众和社会治理者两类使用对象后，找准数字社会系统自身的目标定位成了关键。数字社会系统建设要聚焦老百姓关键小事，广泛运用各地“城市大脑”数据、模块、组件、应用等各类资源，充分应用各地、各部门近年来数字化转型实践成果，创新打造一批跨部门多业务协同应用，然后以未来社区、乡村服务等社会空间作为切入点，推动场景综合集成、落地见效[1]。

基于以上逻辑，浙江省将数字社会系统定义为：数字社会是以人的现代化和社会全面进步为导向，以满足群众高品质生活需求和实现社会治理现代化为需求，以与社会治理相关的数据、模块及应用为手段，为群众提供全链条、全周期的多样、均等、便捷的社会

[1] 林崇责、邱靓：《利民为本精准智服共建 共享美好数字社会》，浙江经济，2021 年第 3 期，第 29-31 页。

服务，为社会治理者提供系统、及时、高效、开放的管理方式，为企业等第三方机构提供能开放、可赋能的数据、应用和模块，让城市和乡村变得更公平、更安全、更美好、更有温度、更和谐的一种社会形态。

具体来说，数字社会系统是以人的现代化和社会全面进步为导向，以满足人民美好生活需要和实现社会治理现代化为需求，以社会建设领域相关数据、模块及应用为手段，突出托育、教育、就业、居住、健康、救助、养老、便民利民 8 个领域，为群众提供全链条、全周期的多样、均等、便捷的社会服务，为社会治理者提供系统、及时、高效、开放的治理信息，为企业等第三方机构提供能开放、可赋能的数据、应用和模块，让城市和乡村变得更文明、更均衡、更有温度、更和谐、更幸福。

第一，智能化。通过数字化改革构建数字社会基座。运用 CIM、GIS、VR、IoT 等数字技术，将物理空间数字化、网络化、物联化、智能化，推动数字孪生向现实物理社会无限靠近。

第二，协同化。通过数字化改革推动社会事业领域改革。充分发挥地方创造性和主动性，围绕解决人的高频需求和关键问题，通过流程再造、改革创新、制度重塑，促进政府、企业、第三方机构（组织 / 社团）、群众等主体高效协同、生态构建，实现社会服务治理的相互贯通，推动社会服务从点到线、到面、到空间，聚合一批大联动的数字化场景。

第三，均等化。通过数字化改革助力推进共同富裕示范区建设。关注不同人群的需求，关注代际、群体等差异，通过社会服务线上线下融合、政府数据与社会数据内外融合、数字赋能与人文关怀融合，解决社会服务供需不对称、公共服务不均等，以及老弱等特殊群体、山区县和海岛等特殊区域的数字鸿沟问题，实现社会服务共享化、基本公共服务均等化、低收入群体同步基本实现现代化，成为共同富裕示范区的标志性成果。

第四，现代化。通过数字化改革加快推进未来社区（乡村）成为建设共同富裕现代化的基本单元。以人为核心，推动“城市大脑”赋能未来社区（乡村）建设，推动数字社会多跨场景在未来社区（乡村）应用落地，打通“三化九场景”数字化体系，实现整体智治和智慧生活，高质量建设以“城市大脑 + 现代城市 + 活力城镇 + 未来社区（乡村）”为核心场景的数字社会。

上海、广东、浙江三地的数字社会建设对比见表 2–1。

三、数字社会的话语体系

“数字化改革要按跑道模式推进，所有工作都要体系化规范化，在跑道内运行。”参与数字社会跑道上的运动员都要牢牢聚焦，以人或者由人组成的家庭为服务对象。这也是数字社会系统建设的边界，是跑“场地马拉松”的场地。数字社会建设形成的十大话语体系界

表 2-1　上海、广东和浙江三地的数字社会建设对比

地区	相关文件	对数字社会的描述
上海	《关于全面推进上海城市数字化转型的意见》[1]	推动生活数字化转型，提高城市生活品质。满足市民对美好生活的向往，打造智能便捷的数字化公共服务体系，加强政府、企业、社会等各类信息系统的业务协同、数据联动。结合新技术和新制度的供给，以数字化推动公共卫生、健康、教育、养老、就业、社保等基本民生保障更均衡、更精准、更充分，打造智慧医院、数字校园、社区生活服务等一批数字化示范场景。发挥社会和市场活力，推进商业、文娱、体育、出行、旅游等质量民生服务数字化新模式、新业态健康发展，加快城市公共设施的数字化转型，构建数字商圈平台、社区智慧物流网络、新能源设施终端等生活“新基建”。加快新闻出版、广播影视等行业融入数字化进程，不断丰富数字文创、数字内容等相关服务供给。着力解决“数字鸿沟”问题，倡导各类公共服务“数字无障碍”，面向老年人和残障人士推进相关服务的适应性改造，创造无处不在、优质普惠的数字生活新图景
广东	《关于加快数字化发展的意见》[2]	加快数字社会建设步伐，构筑美好数字化生活新图景。从数字化公共服务、智慧城市、数字乡村、数字生活等方面提出了 4 项举措，包括大力发展智慧化便捷公共服务、高水平建设新型智慧城市、加快推进数字乡村建设、推动生活数字化转型等
浙江	《数字化改革总体方案》[3]	聚焦数字社会，立足未来社区、数字乡村，有力支撑全生命周期公共服务跨部门协同，实现幼有所育、学有所教、劳有所得、住有所居、文有所化、体有所健、游有所乐、病有所医、老有所养、弱有所扶、行有所畅、事有所便，更好满足群众对高层次、多样化、均等化公共服务需求，建设场景化、人本化、绿色化、智能化的美好家园

[1] 上海市委、市政府：《关于全面推进上海城市数字化转型的意见》，2020。

[2] 广东省人民政府：《关于加快数字化发展的意见》，2021。

[3] 浙江省人民政府：《数字化改革总体方案》，2021。

定了“场地马拉松”的边界，可以确保全省在同一场地有序、规范运行。

（1）技术架构。“平台 + 大脑 + 应用”是数字社会建设的技术架构。“一体化智能化公共数据平台 + 城市大脑”是数字社会系统的支撑平台，其中“城市大脑”涵盖社会事业领域专业大脑，如“健康大脑”“文化大脑”“教育大脑”等。

（2）领域跑道。由“幼有所育、学有所教、劳有所得、住有所居、文有所化、体有所健、游有所乐、病有所医、老有所养、弱有所扶、行有所畅、事有所便”等十二大领域组成，根据群众需求不断拓展和整合。数字社会系统架构发展到 3.0 阶段后，形成了出生、教育、就业、居住、医疗、救助、养老和便民利民 8 条跑道。

（3）多跨场景应用。多跨场景应用是指数字社会系统跨部门多业务协同场景应用，要突出“三多三全三高”：多元主体参与，多源数据共享集成，多部门业务协同；全流程业务优化再造，全方位以线上线下融合方式在未来社区等社会空间落地，全体系运用制度重塑和技术创新解决堵点、难点；解决高频率需求，体现高权重成效，实现高效率落地。

（4）三张清单。三张清单是需求清单、场景清单、改革清单。它们是形成数字社会系统综合应用的背后逻辑。

（5）三大服务品牌。“浙系列”“邻系列”“享系列”是数字社会系统三大服务品牌，也是数字社会系统建设的三条路径。浙江省充分发挥省级部门、未来社区（乡村）和社会企业三类主体作用，协同推动数字社会重大应用建设。

（6）核心场景空间。“城市大脑 + 未来社区 + 未来乡村”是数字社会系统的核心场景，也是各种多跨场景落地的社会空间，是推动公共服务线上线下融合的衔接点，也是充分吸纳社会力量参与数字社会建设的主阵地。

（7）服务治理入口。“浙里办”和“浙政钉”是数字社会系统服务端和治理端的入口。

（8）综合集成界面。数字社会专区是“浙里办”和“浙政钉”上数字社会系统的具体界面。12 个“有”相关的应用要首先放在“数字社会专区”。

（9）功能服务定位。“民生服务 + 社会治理”双功能作用是数字社会系统的作用，也是数字社会系统建设的目的。

（10）应用开发模式。“顶层设计 + 增量开发 + 持续迭代”是数字社会系统的推进模式。

四、数字社会的高频词汇

（1）需求。数字社会系统建设是以人为核心来提供数字化服务的，要特别突出需求导向，聚焦百姓的高频事项，不断了解群众的新需求，根据需求开发多跨场景，切实提高群众的获得感、幸福感和认同感。一是需求与人口结构有关，要分类细致问需，如老人和年轻人、城市和农村、山区和海岛等不同人群需求肯定不同，大家在将 12 个“有”落地未来社区和未来乡村时，就要充分问需。二是需求与时空有关，要深入动态分析。不同地域、不同时间、不同发展阶段，人的需求是不同的，而且是会变化的，不能“一招鲜”。因此，各地各部门都要始终盯住需求这个关键点，坚持将“问需于民”贯穿于数字社会建设始终，周而复始，无限循环。这样反复迭代后，数字社会系统就逐渐成熟了，功能越多，服务就越好。

（2）场景。场景是解决群众需求的工作载体。要立足于需求清单，按照“放到更大场景来寻找改革突破口”的要求，聚焦高质量、一体化、大场景，积极寻找具有突破性、横向联动和纵向贯通的多跨应用场景。一是要从需求形成场景，构建“需求提炼—场景设计—改革推进”工作链条，不能闭门造车。二是要谋划开发跨层级、跨地区、跨系统、跨部门、跨业务的多跨应用场景，不能只聚焦本部门的单业务。

（3）改革。改革是数字化改革的本质要义；没有改革，数字化改革就变成了信息化。建设数字社会系统，要把改革的理念植入脑海，贯穿始终，充分体现改革突破、制度重塑的核心要求。一是从服务内容看，多跨场景的“多”与“跨”就必然涉及部门之间的数据共享、流程再造和制度重塑，这就是改革。二是从服务方式看，实施线上线下的融合、个性化的供给，出台社会事业 12 个“有”落地未来社区和未来乡村的工作指南等，就是改革。三是从服务治理看，通过“浙政钉”治理端的应用数据分析，优化政策供给、资源配置，也是改革。

（4）上线。上线应用是数字社会系统建设成功的第一步，也是老百姓有获得感的具体体现。不能总处于 PPT 的谋划和汇报阶段，而是要抓紧开发上线，通过数字化手段，形成可用、管用、好用的 App 等，落地到未来社区和未来乡村等社会空间。只有用起来，才知道场景设计是不是科学、群众是不是满意、迭代完善的方向在哪里，才能提高治理能力和实现现代化治理。

第二节　数字社会的体系架构

数字社会的体系架构是以“城市大脑”（与数字社会相关的数据、模块及应用）为支撑，以满足群众高品质生活需求和实现社会治理现代化为导向，打造一批跨部门多业务协同应用，为社会空间所有人提供全链条、全周期的多样、均等、便捷的社会服务，为社会治理者提供系统、及时、高效的管理支撑。本节内容将系统介绍数字社会的体系架构的建设目标、系统架构和应用支撑体系。

一、建设目标

1. 总体目标

围绕忠实践行“八八战略”、奋力打造“重要窗口”，聚焦建设共同富裕美好社会，统筹运用数字化思维、数字化认知、数字化技术，打造一批重大应用，构建“城市大脑＋现代城市＋活力城镇＋未来社区（乡村）”核心场景，推动社会空间智能化、社会管理精细化、社会服务均等化，加快社会形态重塑，满足人民群众对共治共享共同富裕美好社会的需求，率先在浙江大地展现富裕、均衡、文明、幸福的美好社会图景。

2. 分领域目标

（1）形成数字社会系统构架。着眼于共同富裕大目标，形成引领性、思想性和操作性兼具的数字社会系统构架，推动数字社会成为共同富裕示范区建设的基本特征和标志性成果。

（2）形成数字社会三大服务品牌。持续擦亮“浙系列”“邻系列”“享系列”三大服务品牌，形成 10 个左右具有全国影响力的“浙系列”重大应用，形成 50 个左右群众好用爱用的“邻系列”典型应用，探索 10 个左右有引领性的“享系列”典型应用。

（3）打造一批数字社会现代化基本示范单元。通过出台数字社会应用落地未来社区（乡村）标准规范，建立省市县联动机制，推动符合条件的1000个左右未来社区和未来乡村上架数字社会“我的家园”，展现数字社会应用的基层图景。

（4）形成一批数字社会理论和制度成果。坚持实践与理论的双向赋能和循环迭代，聚焦制度重塑和实践理论，形成200项左右的理论和制度成果，建设“浙里家”等通用组件，形成5项地方标准，推动5项重大改革引领全国。

（5）形成一套市场化社会化建设运维运营模式。加大“政府赋能+市场活力”的开发运营模式的建设力度，充分发挥国有企业和民营企业各自的独特优势，探索形成混合所有制运营模式，营造政企社学协同发力的浓厚氛围，着力打造建设生态，推动数字社会系统建设持续健康发展。

二、重点任务

聚焦人的全生命周期公共服务优质共享，以社会发展为起点，持续完善社会保障体系，加快打造未来社区、未来乡村等共同富裕基本单元，夯实社会公平基础和数字社会底座；推进公共服务优质共享，缩小“三大差距”，推动社会均衡发展；加强社会文明建设，保障社会公共安全，激发社会发展活力，全面推动人的现代化和社会治理的现代化（图2-1）。

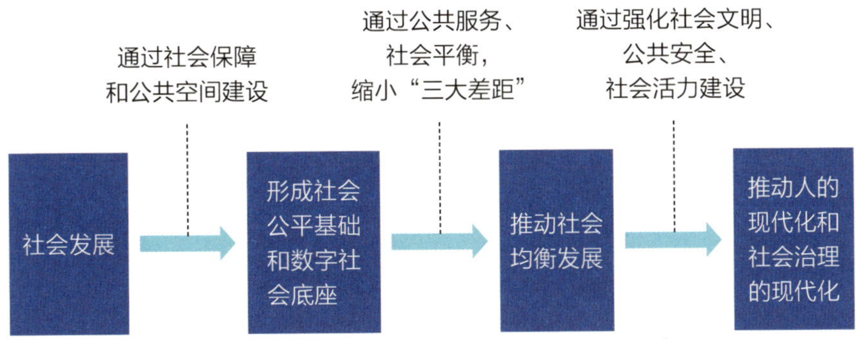

图 2-1　数字社会建设任务主线

1. 推动社会发展

运用大数据手段更好地洞察经济社会需求，并通过业务协同、流程再造、制度重塑，推动政府由以往的唯一决策主体转变为平台协同的规划者、参与者，以行政命令为核心、“由内而外”的传统政府服务模式转变成“由外而内”的需求发现模式，实现以普遍需求牵引高质量供给，以高质量供给匹配普遍需求，减少决策和施策过程中的冲突与矛盾，提高工作的协同性和系统性，推动社会决策的动态化和精准化。

2. 强化社会保障

以“数字+社保”为引领，全方位实施社会保障领域数字化改革，不断健全社会保障体系，着力提升人民群众的获得感、幸福感。借力新技术新手段，推进医保治理创新，迭代浙里医保、浙里社保、浙有众扶等应用，提高社会保障的精准度和便捷度，从底层逻辑上改变传统社会保障的制度构建、制度运行方式，推动社会保障领域多跨协同的流程再造、模式重构、制度重塑，构筑集共享、分析、预警、治理、服务于一体的社会保障智能监管体系，实现服务感知、政策兑现、服务保障、精准治理的全链条闭环管理。

3. 建设公共空间

以数字化赋能未来社区和未来乡村等社会空间，将数字社会系统从宏观抽象向具象场景转化，形成数字社会公共空间的物理标准、服务标准和治理标准，完善城市和乡村的经济、环境和文化等各项发展功能。创新社会空间领域内民生服务“一件事”集成协同场景，加快推动公共服务设施和基础设施的数字化，打造“物联、数联、智联”的数字底座，推动生产、生活、治理三大领域相互协同、互为促进，以生产经营精准化形成新供给，以公共服务数字化满足新需求，以管理服务智能化优化新环境，实现数字社会应用在未来社区、未来乡村等社会空间全方位落地，打造共同富裕现代化基本单元。

4. 促进社会均衡

坚持以人民为中心的发展理念，强化就业优先政策，完善群体间收入分配机制，激励创业带动就业，促进社会均衡发展。构建形成覆盖全人群、全领域、多维度的就业创业智慧服务中心、高效治理中心和科学决策中心，加大普惠性人力资本投入力度，加强困难群体帮扶，促进社会结构全面优化。创新构建“共性 + 专项”的公共政策工具箱、“全面覆盖 + 精准画像”的群体结构数据库。聚焦共同富裕示范区建设“扩中”“提低”重大任务，以促就业增收入为核心，针对低收入农户、困难人群、进城农民工、新就业形态从业人员等重点群体，构建“智能识别—信息推送—主动帮扶—实现就业”的就业帮扶新模式，促进城乡资源流动共享，推动更多低收入人群迈入中等收入行列。

5. 提升社会文明

不断优化学在浙江、浙里康养等应用，打造人人皆学、处处能学、时时可学的终身学习社会。开发上线浙里科普等应用，加快打造面向老年群体的科技志愿服务，开发活动发布、就近网点报名、志愿服务等场景。构建智慧助老网络服务体系，提升老年人融入数字社会的能力。围绕“老有所养、老有所医、老有所学、老有所为、老有所乐”，支撑“富裕富有、普及普惠、尊老孝老、乐活乐享”可感知图景实现，实施“浙里康养集成改革”，全面建设老年友好环境，让每位老年人享受有保障有质量有活力的幸福颐养生活。

6. 保障公共安全

促进技术创新和社会治理制度重塑相互契合，推动社会治理领域多跨协同的流程再造、模式重构、制度重塑。运用“县乡一体、条抓块统”改革成果，迭代升级“一中心四平台一网格”基层治理体系，推动数字社会相关应用的执法力量下沉，增强乡镇（街道）管理社会和服务群众的能力。开展基层社会治理最佳应用实践评选，推动“一地创新、全省共享”，推进平台贯通、应用贯通、体制机制贯通。强化与数字法治的协同，以保护人民生命安全、城市安全为重点，完善风险“监测、预警、处置、反馈”闭环管控的大平安机制，有效防范化解重大风险挑战。充分利用“大安全、大应急、大减灾”体系，完善自然灾害防治体系，建立健全城乡防灾减灾体系。

7. 激发社会活力

以数字化改革破除制约高质量发展、高品质生活的体制机制障碍，全面激发人的发展活力。全力打造浙里就业创业综合服务应用，围绕服务对象就业生涯全周期，通过实时捕捉就业状态变化、多源数据智能“画像”、政策服务交互匹配，推动构建“服务跟着需求走”向“服务先于需求到”转变的就业全周期服务新机制，不断拓展“有劳可得、劳可多得、劳必有得、劳有所保”全链条就业服务新空间。降低就业创业门槛，激发市场活力和社会创造力，推动更充分更高质量的就业，完善更公平更可持续的社会保障体系，培育更高水平更有活力的人才队伍，巩固更有序更和谐的劳动关系，充分激发各个阶层、各类人群的活力，保持全社会的创造性张力。

8. 提质公共服务

聚焦提升托育、教育、就业、医疗、养老、居住、救助等公共服务办事体验，推动基本公共服务供给方式不断创新、服务体系不断完善，为政府提供公共服务供给水平提供支持。迭代提升浙有善育、浙里健康、浙里安居等应用，加速构建更为智能便捷的数字化公共服务体系，促进城乡民生福祉优质共享。以打造“15 分钟公共服务圈”为切入点，打造浙里基本公共服务应用建设，实现基本公共服务“一键触达”，人口资源、公共设施、资金投入“一站研判”，推动基本公共服务均等化，实现基本公共服务应知尽知、愿享尽享。

三、系统架构

1. 系统架构 1.0 版

数字社会系统架构以一体化、智能化、整合化、协同化、集成化和精准化为发力点，将零散化的数字社会服务整合为体系化的整体服务。基于浙江省数字化改革“四横四纵”与“两个掌上”体系，数字社会系统架构共分为“一体化智能化公共数据平台”“城市大脑（与数字社会相关的数据、模块及应用）”“社会事业”“跨部门多业务协同”“社会空间”“数字社会入口”6 层架构。

最顶层“数字社会入口”和最底层“一体化智能化公共数据平

台”，在全省数字化改革统一总框架下构建。数字社会入口分为服务端和治理端。服务端依托“浙里办”为社会空间所有人提供服务入口。治理端依托“浙政钉”为社会治理者提供工作入口（图 2–2）。

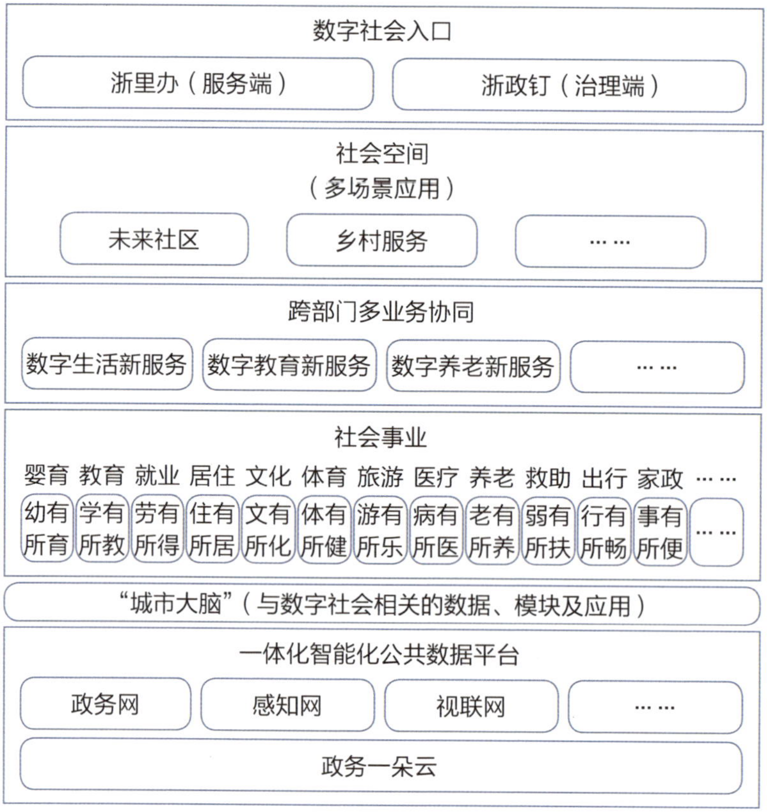

数字社会入口

浙里办（服务端）　浙政钉（治理端）

社会空间
（多场景应用）

未来社区　乡村服务　……

跨部门多业务协同

数字生活新服务　数字教育新服务　数字养老新服务　……

社会事业

婴育	教育	就业	居住	文化	体育	旅游	医疗	养老	救助	出行	家政	……
幼有所育	学有所教	劳有所得	住有所居	文有所化	体有所健	游有所乐	病有所医	老有所养	弱有所扶	行有所畅	事有所便	……

“城市大脑”（与数字社会相关的数据、模块及应用）

一体化智能化公共数据平台

政务网　感知网　视联网　……

政务一朵云

图 2–2　数字社会系统框架图（1.0 版）

2. 系统架构 2.0 版

在数字社会系统框架 1.0 的基础上，围绕“四横四纵”总框架，按照“以用促建、共建共享”的原则，以人的现代化和社会全面进步为目标，研究提出了数字社会系统建设的“四梁八柱”，完善了数字社会系统建设逻辑，迭代形成了数字社会系统架构（2.0版）。重点完善基础设施、数据资源、应用支撑、业务应用和政策制度、标准规范、组织保障、安全防护“四横四纵”体系（图2-3）。

（1）基础设施体系：依托政务“一朵云”、感知网、视联网等统一设施构建。

（2）数据资源体系：集成汇聚政府数据、市场数据、社会数据、群体数据等四类数据。体现数字社会系统建设要重塑政府、企业、社会、个人等四类主体关系。

（3）应用支撑体系：依托全省一体化智能化公共数据平台，不断细化健康大脑、文化大脑等功能分区，持续推动“城市大脑”（与数字社会有关的数据、功能和模块）迭代升级和发育生长，为数字社会系统建设提供支撑。

（4）业务应用体系：聚焦重塑社会形态，构建数字社会系统建设的“四梁八柱”。四梁——富裕图景、均衡图景、文明图景、幸福图景，是根据时任浙江省委书记袁家军《扎实推动高质量发展 建设共同富裕示范区》对共同富裕美好社会提出的目标图景构建的（图2-4）。富裕图景：通过推进社会发展和社会保障，解决发展不充分的问题，实现效率与公平、发展与共享的有机统一。均衡图景：

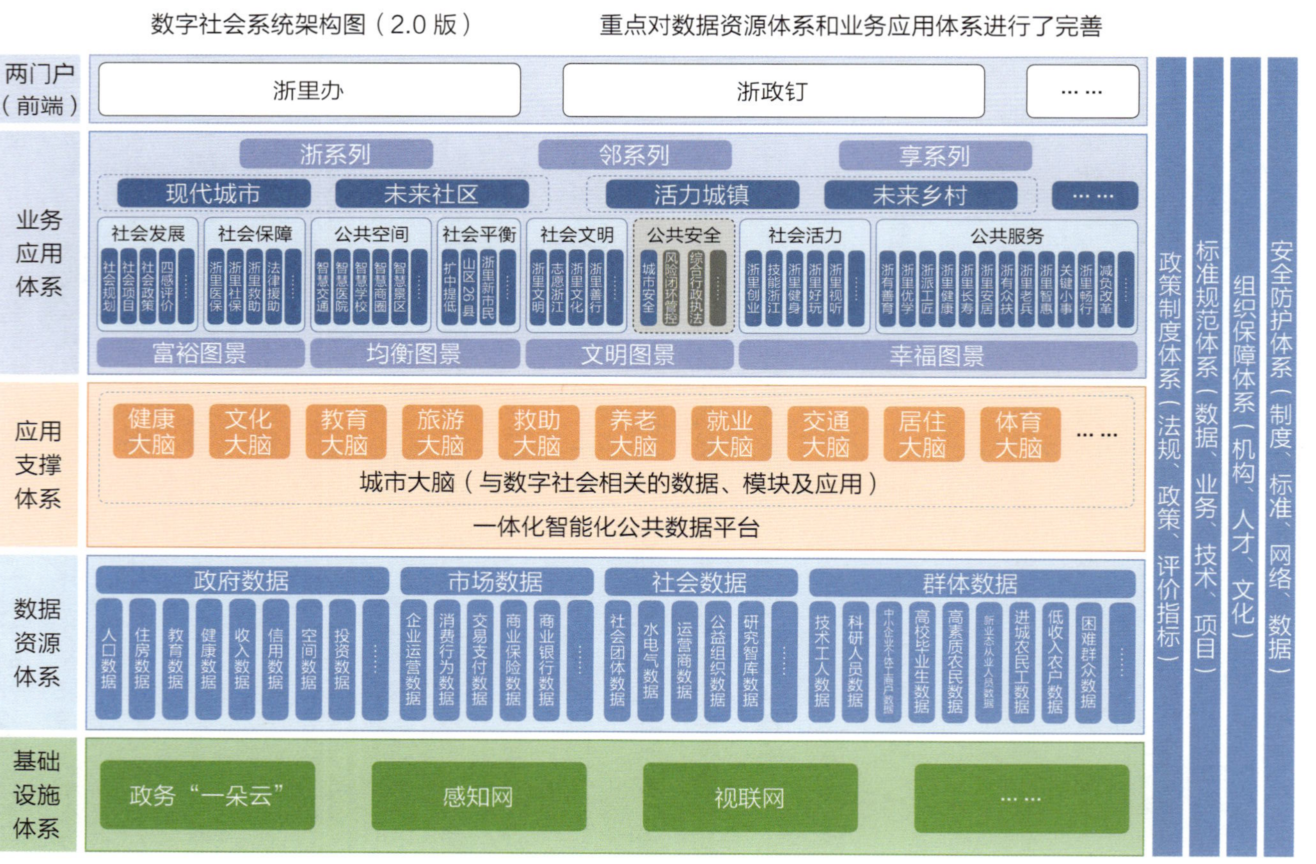

图 2-3　数字社会系统框架图（2.0 版）

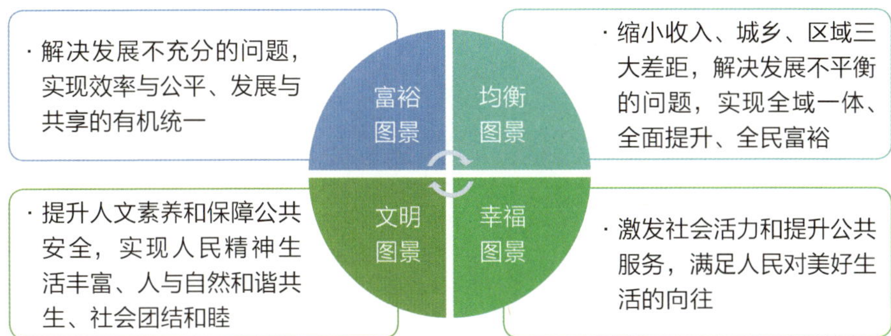

图 2-4 数字社会的四大图景

通过缩小收入、城乡、区域三大差距和打造智慧空间，解决发展不平衡的问题，实现全域一体、全面提升、全民富裕。文明图景：通过提升人文素养和保障公共安全，满足人民的精神文化需求，从法治和德治两个角度，实现人民精神生活丰富、人与自然和谐共生、社会团结和睦。幸福图景：通过激发社会活力和提升公共服务，满足人民对美好生活的向往，实现群众看得见、摸得着、体会得到。八柱包括社会发展、社会保障、公共空间、社会平衡、社会文明、公共安全、社会活力、公共服务等八大模块。以社会发展作为起点，通过社会保障和公共空间建设，形成社会公平基础和数字社会底座；通过公共服务、社会平衡，缩小三大差距，推动社会均衡发展；通过强化社会文明、公共安全、社会活力，推动人的现代化和社会治理的现代化。

按照"小切口、大场景"思路，在"四梁八柱"下不断谋划打造多跨场景应用，将数字社会从宏观抽象向具象场景转化。一方面，持续迭代提升“托育、教育、就业、居住、文化、体育、旅游、医疗、养老、救助、交通、生活”等公共服务领域的数字化能力，更好实现“幼有所育、学有所教、劳有所得、住有所居、文有所化、体有所健、游有所乐、病有所医、老有所养、弱有所扶”。另一方面，按照社会发展、社会保障、公共空间、社会平衡、社会文明、公共安全、社会活力、公共服务“八柱”要求，持续谋划落地扩中提低、山区 26 县、公共服务减负改革等共同富裕相关多跨场景应用，不断放大场景视野。

在此基础上，将部门业务通过跨部门多业务协同场景应用，集成落在现代城市、未来社区、活力城镇、未来乡村等社会空间，持续擦亮具有浙江辨识度的“浙系列”“邻系列”“享系列”数字社会三大服务品牌。

（5）两端（两门户）：依托浙里办，打造数字社会系统服务端；依托浙政钉，打造数字社会系统治理端，形成“提供线上服务—治理分析发现—反馈服务优化”闭环。

3. 系统架构 3.0 版

数字社会系统紧紧围绕人的全生命周期便民服务，以“城市大脑 + 现代城市 + 活力城镇 + 未来社区（乡村）”为核心场景，推动系统架构螺旋式上升，目前版本已经从 3.0 迭代至 3.1。

数字社会系统架构 3.1 版（图 2–5）的核心是突出数字化改革与全面深化改革、共同富裕示范区重大改革“三改”联动、一体融合，突出社会建设核心业务。

聚焦各个部门核心业务，围绕人的全生命周期便民服务，完善形成了托育、教育、就业、居住、健康、救助、养老、便民利民数字社会 8 条跑道。8 大核心业务有重大改革支撑，每项重大改革都加快打造重大应用成果。推动形成一批组件模型，数字社会大脑能力进一步提升，更好赋能重大改革。

托育领域，核心业务为婚嫁、生育、养育、教育，依托浙有善育集成改革，打造浙有善育重大应用，现包括 12 个场景应用（图 2–6）。

教育领域，核心业务为培训机构监管服务、课后服务参与率提升、教育教学质量提升、家校社协同育人等。依托义务教育“双减”集成改革和推进城乡义务教育共同体建设，打造浙江“双减”在线和学在浙江 2 个重大应用，现包括 11 个场景应用（图 2–7）。

就业领域，核心业务为能力提升、就业帮扶、就业扶持、用工保障、灵活就业等。依托构建高质量就业创业体系重大改革，打造浙里就业创业、浙里好家政 2 个重大应用，现包括 11 个场景应用（图 2–8）。

居住领域，核心业务为重点群体住房保障、推进未来社区建设、推进未来乡村建设，依托推进保障性住房改革、共同富裕现代化基本单元规划建设集成改革 2 个重大改革，打造浙里安居、农房“浙

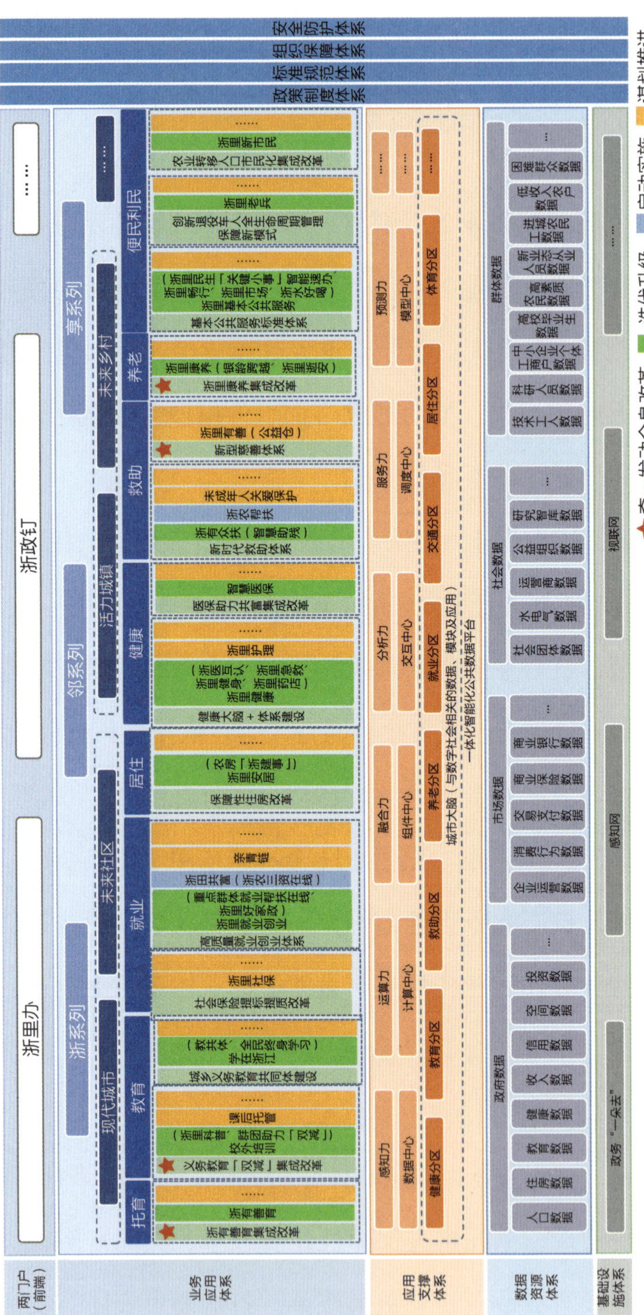

图 2-5　数字社会系统架构 3.1 版

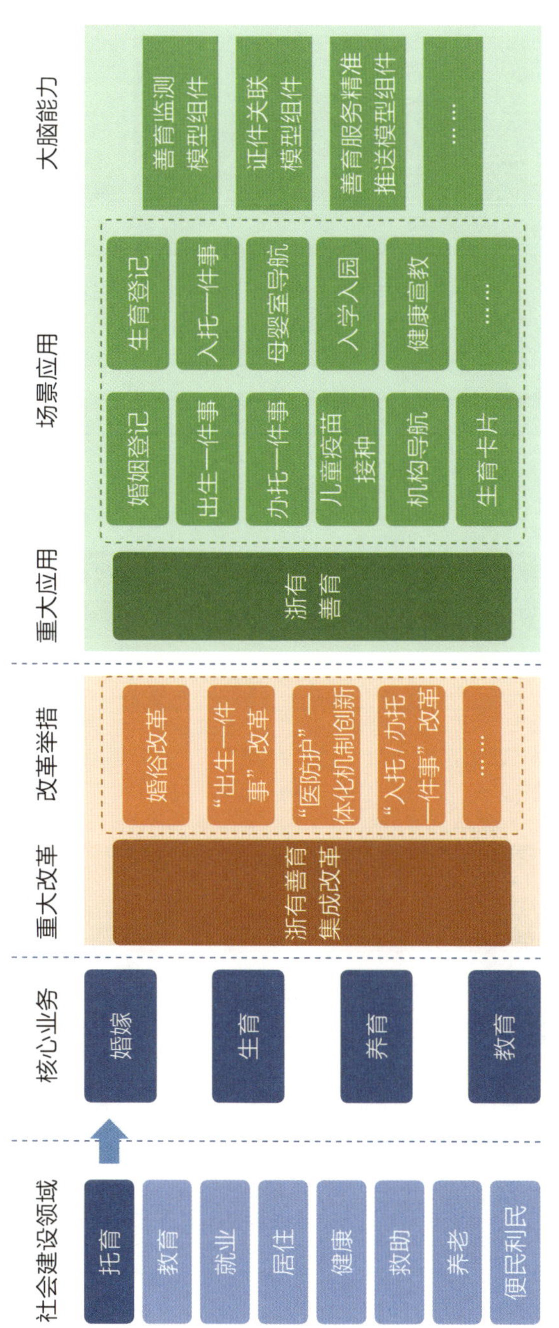

图 2-6 托育领域重大应用成果

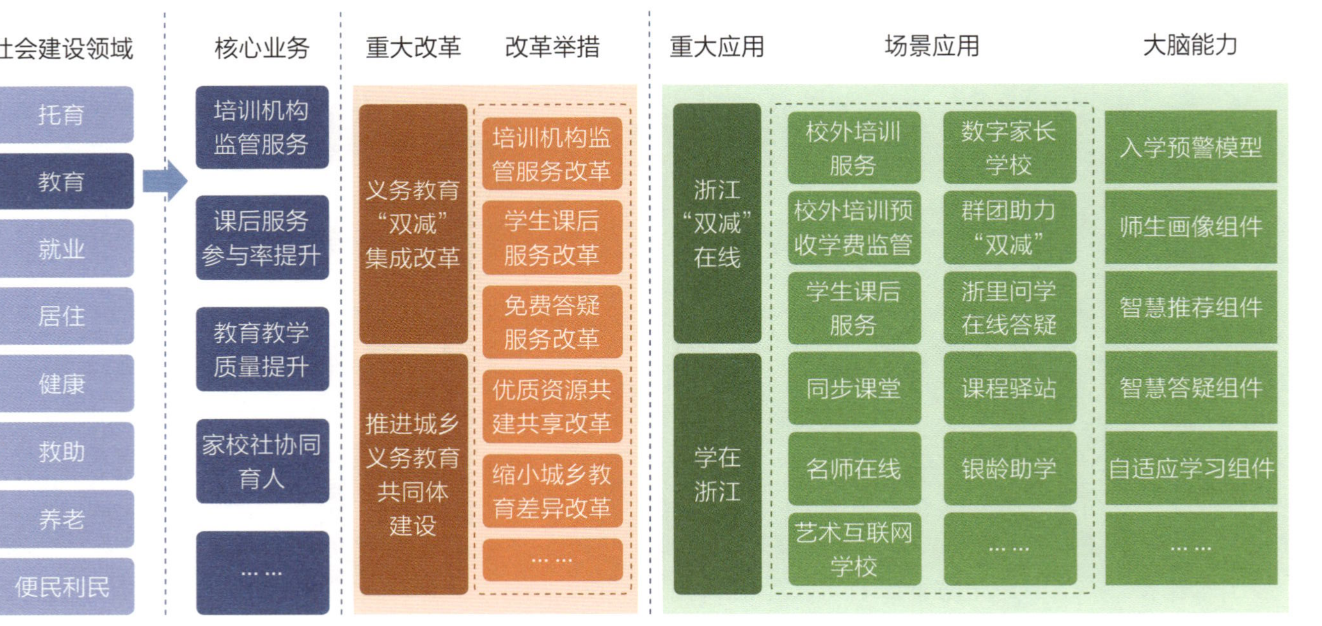

图 2-7　教育领域重大应用成果

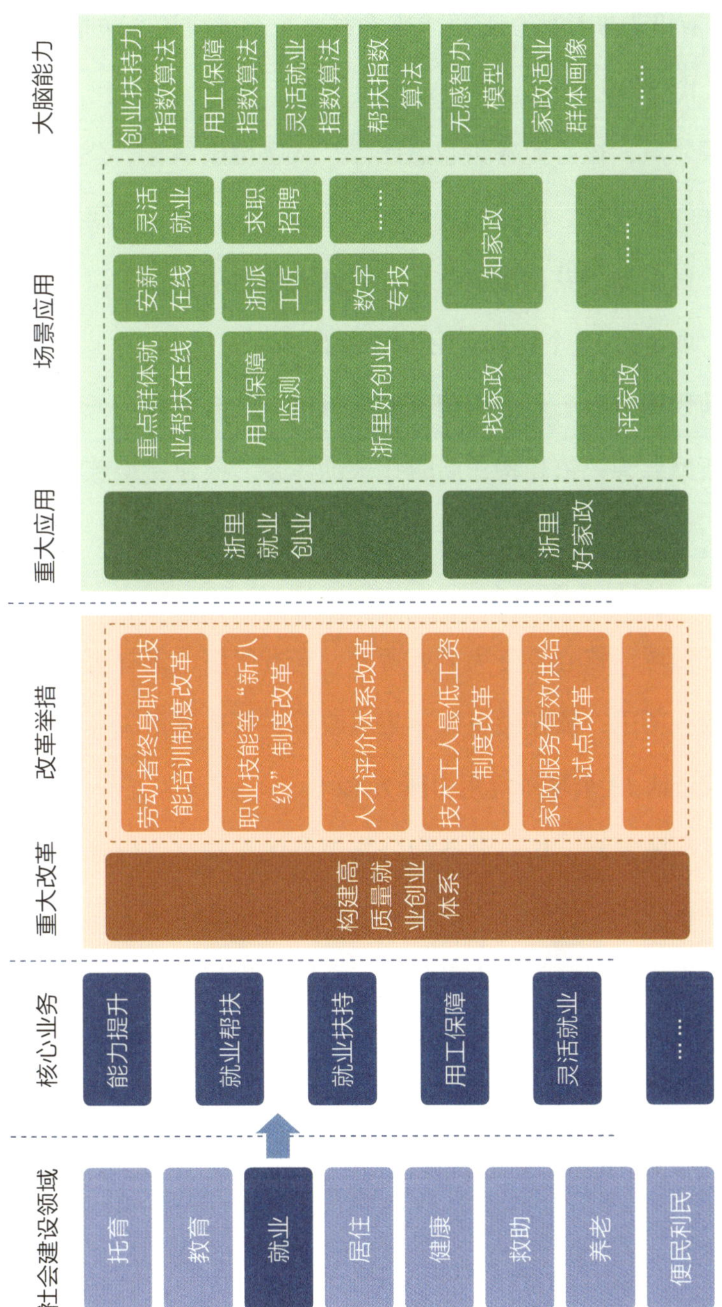

图 2-8 就业领域重大应用成果

建事”、浙里未来社区、浙里未来乡村 4 个重大应用，包括 19 个场景应用（图 2–9）。

健康领域，核心业务为智慧医疗、数字健康服务、公共卫生服务、医保经办服务、医保基金监管、药械采购，依托健康大脑 + 体系建设、医保助力共富集成改革，打造浙里健康、浙里医保 2 个重大应用，现包括 15 个场景应用（图 2–10）。

救助领域，核心业务为困难群体救助、社会帮扶、低收入农户帮扶、新型慈善，依托构建新时代救助体系、构建新型慈善体系重大改革，打造浙有众扶、浙农帮扶、浙里有善 3 个重大应用，现包括 14 个应用场景（图 2–11）。

养老领域，核心业务为老有所养、老有所医、老有所学、老有所为、老有所乐，依托浙里康养集成改革，打造浙里康养 1 个重大应用，现包括 13 个场景应用（图 2–12）。

便民利民领域，核心业务为公共服务优质共享、行有所畅、民生关键小事、优军优抚，依托基本公共服务标准体系、农业转移人口市民化集成改革、关键小事智能速办标准改革、创新退役军人全生命周期管理保障新模式等重大改革，打造浙里基本公共服务“一键达”、浙里畅行、浙里民生“关键小事”智能速办、浙里新市民、浙里老兵等 5 个重大应用，现包括 20 个场景应用（图 2–13）。

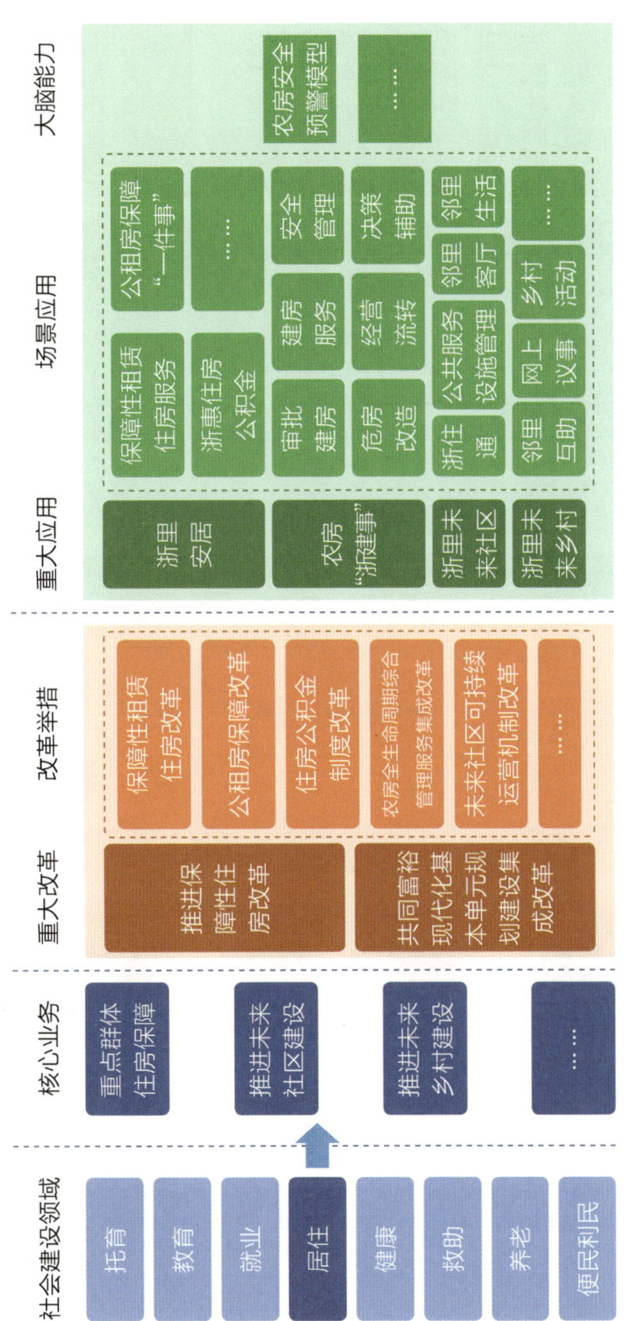

图 2–9 居住领域重大应用成果

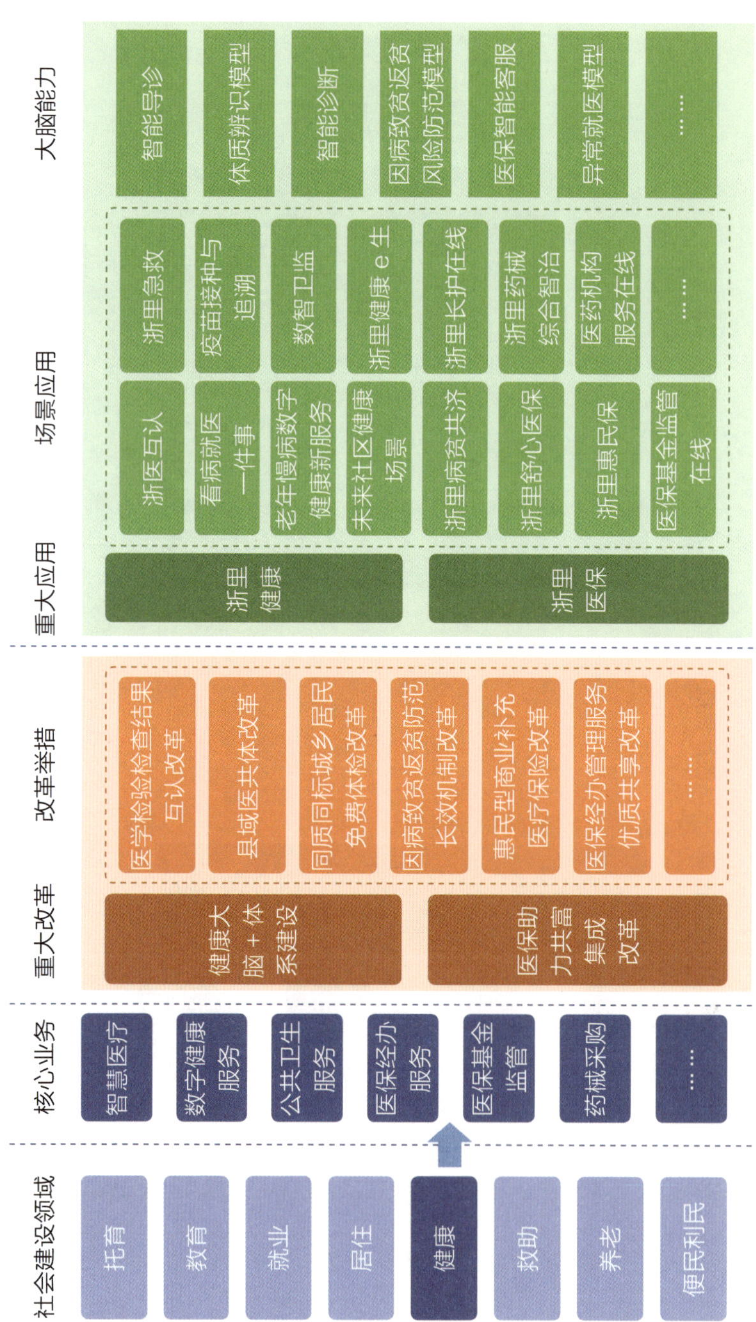

图 2–10　健康领域重大应用成果

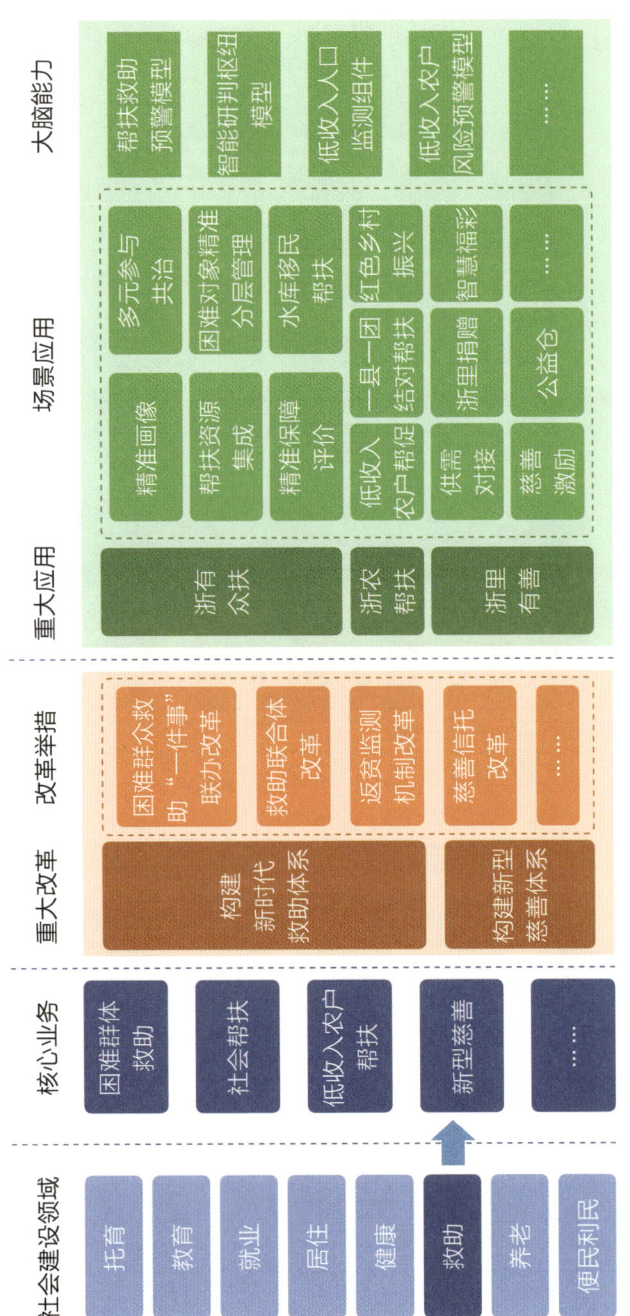

图 2-11 救助领域重大应用成果

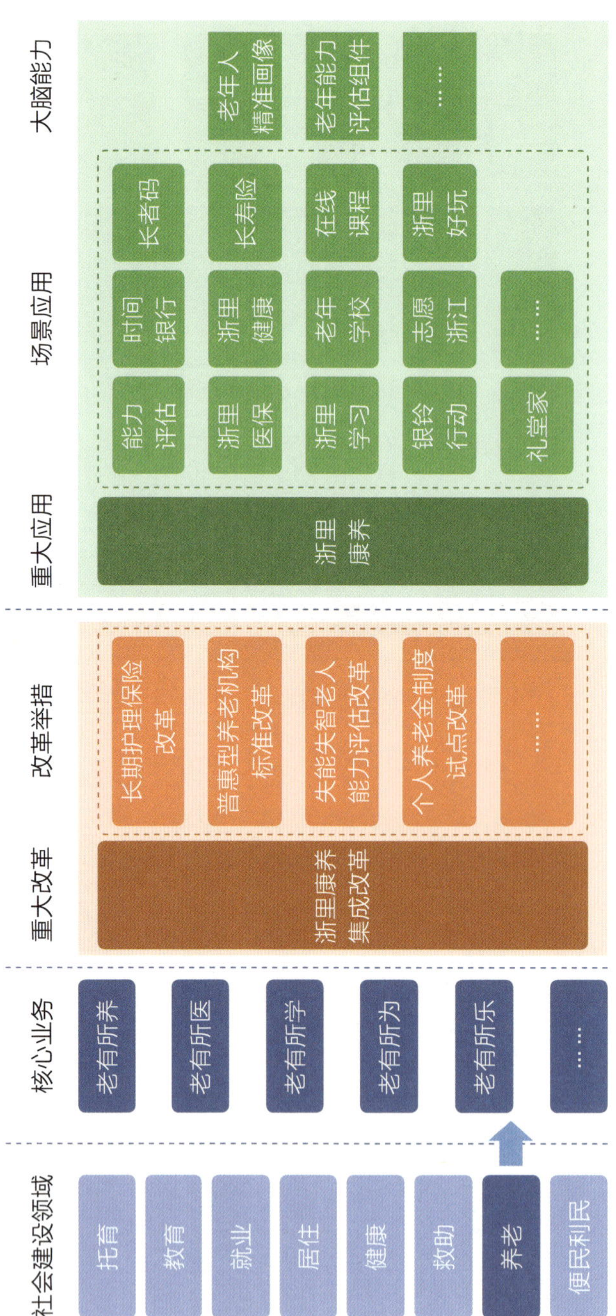

图 2-12　养老领域重大应用成果

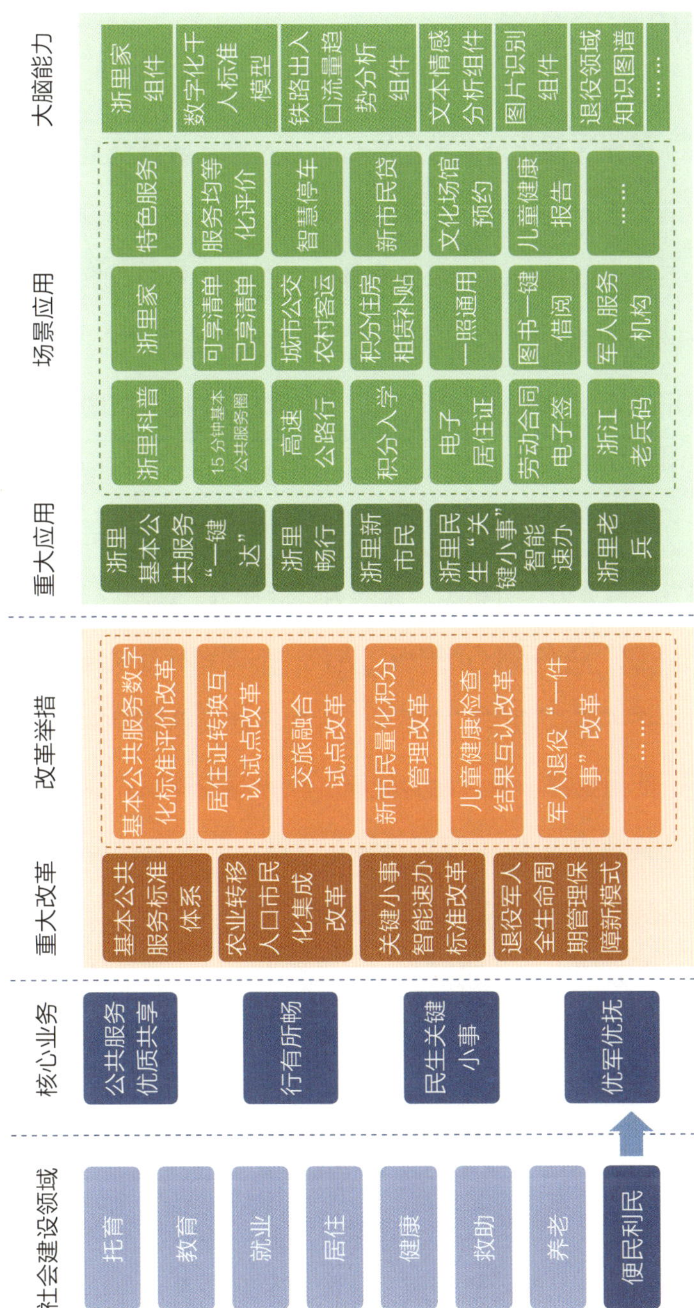

图 2-13 便民利民领域重大应用成果

四、应用支撑体系

依托一体化智能化公共数据平台，通过推动数据全量归集、强化数据多维集成、推动赋能跃升，按照“6＋6”的总体设计，构建数字社会系统大脑框架，不断细化健康、教育、养老、救助等各领域大脑分区，持续推动“城市大脑”（与数字社会系统有关的数据、模块及应用）迭代升级和发育生长，形成快速支撑多跨场景应用的能力。其中第一个“6”是指6个中心（数据中心、计算中心、组件中心、交互中心、调度中心、模型中心），第二个“6”是指6种能力（感知力、运算力、分析力、融合力、服务力、预测力）。

“城市大脑”由各设区市按浙江省统一部署和标准规范建设，按照“规定动作＋自选动作”的要求，为数字社会系统提供全面、全程、全域的能力支撑。通过融合健康、教育等各领域大脑分区的数据、应用及模块以及11个设区市城市大脑中与数字社会有关的数据、应用及模块，形成数字社会系统大脑。

数字社会系统大脑的建设不仅仅是技术创新，更是社会治理模式的创新，提供普适性的支撑能力。各个功能分区分别构建数据中心，整合汇聚多源多主体的海量数据资源，提供智能感知和数据治理能力；构建云网端一体化的计算中心，集聚各类基础设施资源，提供自适应、大容量的算力；构建交互中心，互通共享政府、社会两侧的数据、模块、组件等资源，提供政务和社会互相赋能的融合能力；构建组件中心，集聚算法、模型、组件等资源，提供精准的分析能力；构建调度中心，集聚监测、预警、指挥等功能，提供准确及时的决策、治理等服务能力。

从定位上看，数字社会系统大脑是“服务＋治理”双翼拓展。一是赋能社会服务，为城市空间所有人（覆盖常住人口、流动人口、短期商务、旅游人员等）提供全链条、全周期的便捷化、多样化、均等化服务，全面提升人民群众的获得感、幸福感、安全感。二是赋能城市治理，围绕城市安全、交通组织、社会治理等方面，提升感知及时、响应快捷、处置有序的治理能力，让城市整体变得“更智能”。

从建设模式上看，数字社会系统大脑是一体化智能化公共数据平台在城市区域内的有关模型、数据、算法和模块的集合。通过“城市大脑”的建设和能力的提升，可以为各地数字化改革提供有力、有效的支撑，同时可以快速支撑各类城市治理和公共服务应用落地。

从数据共享上看，数字社会系统大脑作为数据共享、交换、分析和挖掘中心，依据统一的数据标准、接口规范、调用规则，实现跨部门、跨层级的数据对接，形成横向联动、纵向贯通的数据共享体系，打破“数据孤岛”，实现省、市、县、乡、村五级共享。同时，通过对数据的分析、融合、挖掘，推动城市管理由“被动反馈”转变为“主动出击”，推动公共服务能力不断增长，实现城市的精细管理和智慧服务。

第三节　数字社会建设关键

一、把“牵一发动全身改革”的突破作为重要牵引

共同富裕和现代化“两个先行”要求一体推进全面深化改革、共同富裕示范区重大改革和数字化改革。“三改联动”一体推进，就必须抓住牵一发动全身重大改革这个“牛鼻子”。数字社会系统建设，就要重点聚焦浙有善育集成改革、义务教育“双减”集成改革、浙里康养集成改革等3项数字社会领域的牵一发动全身重大改革，通过分类推进、试点先行，打造一批硬核成果，加快成为具有全国影响力的重大应用，把数字化改革推向纵深，为全面深化改革、高质量发展建设共同富裕示范区提供强劲动力。

二、把打造具有普遍意义的重大标志性成果作为关键

突出实战实效，按照“三个一批”的要求，突出抓好多跨事项、创新事项、薄弱事项，下硬功夫、啃硬骨头，努力找到共性问题的破解之道、引领变革的先行之路，打造具有全国影响、具有重大突破、具有普遍意义的重大标志性成果。

一是持续擦亮全国有影响力的重大应用。曾获数字化改革首批

最佳应用、改革突破金奖的浙里民生“关键小事”智能速办和浙医互认，也仍需进一步在实战实效上下功夫。如“浙医互认”应进一步加强服务端建设，为老百姓提供可查可看互认结果的入口，让老百姓在服务上无感，在获得上有感。浙里民生“关键小事”智能速办应用，要进一步用好“小事体验员”反馈的有效建议，持续迭代完善存量的 50 件小事。

二是打造一批有全国有影响力的重大应用。数字社会的“浙”系列应用已有良好基础，如浙有善育、浙里康养、浙有众扶、浙里医保、浙里基本公共服务“一键达”、浙里药店、浙里就业创业、浙里好家政、浙里老兵、浙里健身等，都进入了全省重大改革（重大应用）“一本账 S2”，此后仍需进一步迭代完善，在练好自身内功的同时做好宣传推广。

三是推广一批爱用管用好用的应用。一些地方聚焦群众反映集中的共性需求和存在的普遍性问题，探索创新出不少好做法好应用，将浙里拍、浙里护理等群众爱用管用好用的应用积极推广。

四是加快建设一批重大应用。对刚刚启动实施的应用，如浙里有善、浙里社保、浙里逝安、浙青链等，应加快完成开发建设，明确上线计划并严格执行，让群众的体验来评判好不好。

五是加快谋划一批重大应用。对照共同富裕示范区建设的目标，梳理重大改革，用数字化改革推进共同富裕重大改革的目标。

三、把构建市场化机制作为重要突破口

借助市场力量参与数字社会建设是数字社会可持续发展的关键。探索市场化推进机制，找到利益链接点，推动国有企业、金融机构、高校、医院等企事业单位全面融入数字化改革，突破市场化推进机制，形成可复制可推广的路径、模式。

一是探索用数据开放来激发市场力量参与数字社会建设的积极性。国家已明确数据是重要生产要素，必将对数据的开放、流通出台实质性的举措，这将为数字社会推动社会力量参与建设提供制度保障和广阔空间。各地各部门主动摸清企业等第三方的需求，梳理形成数据需求清单，与政府部门可开放的数据目录进行碰撞和匹配。加大向企业宣传的力度，引导企业充分用好浙江政务服务网数据开放板块。结合老百姓的需求，主动向企业等第三方提出场景开发的目标和思路，为企业等第三方参与数字社会搭建舞台。

二是重点推动医院学校融入数字社会建设大潮。省教育厅牵头总抓教育机构数字化改革，省卫生健康委牵头总抓医疗机构数字化改革。例如温州眼视光医院是全国眼视光学科的翘楚，可以发挥学科优势，运用数字化手段，做好中小学生视力发育跟踪，及时提醒家长关注。

三是鼓励群团力量参与数字社会系统建设。省科协开发的“银龄跨越数字鸿沟”“群团助力双减”场景，为助力“双减”改革、推

动老年群体融入数字化社会等方面做出很大贡献。团省委可以建立少年宫高频应用，在现有预约、评价基础上，发挥社会力量建设流动少年宫，转化为建设数字文明的创新优势。

四、把提升大脑能力作为基础

一是省级层面。数字社会系统大脑中健康大脑、教育大脑等领域大脑，在场景应用的开发中提出共性的组件、模型、算法，赋能多跨场景建设。如健康大脑的智能诊断组件，教育大脑学区预警模型。二是市级层面。在场景应基层智治系统用开发时要用好省级各领域大脑的能力，并推动将浙里拍、浙里护理等实用好用应用的积极推广，与“城市大脑”进行组件、模型、算法的互联互通和共享复用。三是县级层面。结合未来社区（乡村）的疫情防控工作，摸清人口结构性数据，加快公共服务设施数据的归集和治理，形成精准的数据底座，赋能应用开发。

五、把落地社会空间作为数字社会的重点

未来社区和未来乡村是数字社会系统落地的两大空间，也是共同富裕现代化建设基本单元，重点是要务实、快速推进数字社会重大应用落地。

一是抓好“一老一小”应用落地。加快形成“一老一小”服务系统新解决方案，线上线下融合打造“一老一小”高品质应用。加强与“141”基层智治系统的对接，探索“一老一小”政府、企业、社会、个人共建共享新模式。

二是加快未来社区（乡村）在线重大应用高效落地。推动标准化、轻量化、可复制的社区智慧服务平台建设，加快未来社区（乡村）“一地创新、全省共用”样板的打造。开发部署公共组件和标准应用集，赋能数字社会应用快速落地未来社区。推进未来社区（乡村）创建和运营数据的接入，实现创建全过程监管和运营全过程监测、加快探索建立场景动态运营评价体系。

三是重视访问量应用量提升。主动宣传推广“我的家园”，切实做到已经上架应用有人用，避免出现为应付考核恶意刷访问量等现象。

六、把网络安全防护作为工作底线

数字化改革六大系统中，数字社会系统是直接服务老百姓的，涉及老百姓大量的个人隐私数据，安全底线不守牢，数字社会系统建设归零。因此，网络安全防护工作是重中之重。一是应用安全。按照网络安全防护的要求，落实应用系统的等保定级备案工作，组织专业力量适时开展攻防演练，做好常态化防护。二是数据安全。

按照国家数据安全法以及浙江省公共数据条例的相关要求，切实履行数据安全防护主体责任，避免大规模数据安全事故，尤其是数字社会系统涉及个人敏感信息的泄露。

七、把建设全省发展改革队伍作为数字社会主力军

一是充实社会建设力量。社会建设是个慢变量，要发挥各级发改系统的作用，统筹指导协调数字社会建设，建立健全数字社会建设领导协调机制，强化统筹规划，明确职责分工，抓好督促落实，保障数字社会建设有序推进。通过强化专班力量，投入领导精力，建立“专班 + 例会”形式，对数字社会的重大任务、重大应用进行破题攻坚。

二是发挥系统合力。充分发挥各级发展改革部门统筹抓总、横向协同、纵向联动的机制优势，做好数字社会相关推进、协调、督促工作。发挥设区市的指导引领作用，建立健全数字社会工作协调、考评机制，统筹政策制定、改革推进、应用宣传，指导县（市、区）强化省市应用贯通，因地制宜开展数字社会工作。

三是强化大成集智作用。持续完善政府、社会、企业主体参与数字社会建设模式，借力更多的智库和专家参与数字社会理论研究和实践创，吸纳省科协、省总工会、团省委、省妇联等部门加入工作专班，充实力量，进一步强化部门；吸引浙江大学、之江实验室

等更多科研院所参与数字社会理论研究、技术创新、人才培养。

四是优化人才提升机制。着力培育数字化领域高水平研究型人才和具有工匠精神的高技能人才。推动科研人才广泛交流，打造多层次复合人才。大力推动领导干部学网、懂网、用网，不断提高对数字化改革的领悟和变革能力。总体来说，要加快提升“机关领导、业务（技术）人员、实施人员”三支队伍的水平。

第四节　数字社会建设的“五对关系”

一、供给与需求的关系

坚持“人民至上”理念，以普遍需求牵引高质量供给，以高质量供给匹配普遍需求。精准摸排符合国家所需、浙江所能、群众所盼、未来所向的重大需求，面向未来开发数字社会的重大应用。

二、数量与质量的关系

应用要有数量更要有质量。对照数字化改革“一本账”，对准数字社会系统跑道，突出实战实效实用导向，避免低水平重复建设，打造一批全国高显示度、群众高满意度的“双高”硬核成果。

三、政府与市场的关系

政府不能大包大揽，该由市场做的要放手让市场做。有时候市场做得更好。在处理政府与市场的关系时，应创新社会力量参与数字社会系统建设模式，激发社会力量价值创造的“乘数效应”，形成可持续的开发运营机制。

四、技术创新与制度重塑的关系

数字化改革的本质是改革，与数字赋能最根本的区别在于制度重塑。制度重塑要借力新技术新手段，更要重视从底层逻辑上改变制度构建、制度运行方式，推动社会领域多跨协同的流程再造、模式重构、制度重塑，从整体上推动社会发展和治理能力的质量变革、效率变革、动力变革。

五、基层最佳实践和全省复制推广的关系

基层在数字社会建设领域开展积极探索，特色亮点工作涌现。开展最佳应用实践评选，有助于推动“一地创新、全省共享”，推进平台贯通、应用贯通、体制机制贯通。

第三章
数字社会的重大应用建设

实战实效是数字社会系统建设的内在要求，重大场景应用是数字社会系统为老百姓提供高质量服务的主要载体。数字社会系统建设分析百姓需求、建设主体和运营模式，坚持开放建应用，坚持多方共建共享，形成了重大应用建设模式，以多跨场景应用打造“城市大脑 + 未来社区（未来乡村）”为核心的数字社会系统。

第一节　重大应用的内涵特征

重大应用是指重大多跨场景应用。多跨场景则是数字社会系统跨部门多业务协同应用场景的简称，是指数字社会领域能体现基层性、固定性、横向协同性、纵向贯通性、数据共享性，且能显著增强执行效率、撬动社会事业领域改革的业务应用，也是数字社会建设的重中之重。浙江省委主要领导多次强调要以重大应用为抓手，推动数字化改革走实走深。重大应用的内涵特征可以概括为“三多”“三全”“三高”。

一、“三多”特征

（一）多元主体共同参与

数字社会系统的主要使用对象包括城市、乡村在内的社会空间中的所有人，同时为政府等社会治理者以及第三方企业、机构等主体提供服务。因此，落地的多跨应用应从满足老百姓和治理者两方面需求出发，面向民生服务需求者（老百姓）、民生服务供给者（为数字社会提供服务的企业和机构）、社会治理者三类主体开展场景设计。

（二）多源数据共享集成

数字赋能是数字化改革的特征之一。在确保数据安全的前提下，最大限度地开放共享多元主体产生的多源数据资产，推动“政府数据+社会数据”内外融合、多部门业务数据融合，激发数据生产要素对满足群众高品质生活需求和实现社会治理现代化的放大、叠加和倍增作用，实现提供全链条、全周期的多样、均等、便捷的社会服务，以及系统、及时、高效的管理支撑。多源数据共享集成是打破数据孤岛、实现数据“一桥飞架南北”的结果，也是推动大数据治理的前提。

（三）多部门业务高效协同

多跨应用的关键是开展跨部门多业务协同及子场景梳理工作，构建业务协同模型，推动各类业务整体智治、高效协同。各项子场景具有独立性，归属于社会事业的某一特定领域，具有特定的牵头单位、协同单位，能够独立形成民生服务某一特定功能的闭环。厘清各项子场景的领域、事项、指标、协同关系和数据项等内容，推动子场景间业务有机联动，实现横向联动和纵向贯通，方能构建更大落地场景。

二、“三全”特征

（一）全流程优化再造

流程再造是高水平开展跨部门多业务协同的核心，数字化改革不是简单的线下业务在线化，而是打破线下业务关键堵点后的流程再优化。以多跨应用为抓手，通过流程再造，串联多部门业务，推进多元参与，促进全社会各类主体高效协同、生态构建，重点解决政府、企业、社会和个人等主体联动效能不足等问题，实现社会服务治理的相互贯通，打破老百姓碎片化的服务感受，为社会治理者提供全景化的决策参考。

（二）全方位以线上线下融合方式在未来社区等社会空间落地

数字社会系统建设是从点到线、到面、到空间的综合集成过程，社会事业领域是点，多跨应用场景是线，未来社区和乡村服务等社会空间是面，最终构成数字社会综合应用立体空间。因此，多跨应用落地要有特定时间和空间维度承载，要有数字化基座和物理空间的叠加。按照“找准小切口实现大突破”的理念，现阶段具体承载表现为未来社区、乡村服务等。

（三）全体系运用制度重塑和技术创新解决堵点、难点

数字社会系统建设的根本是要在推动从数字赋能到制度重塑，探索实现从技术理性向制度理性的新跨越。因此，理顺党政机关运行机制，实现社会治理者内部的高效协同；打通党政机关与社会、企业的制度链接，实现社会治理者与民生服务供需双方的高效协同；完善企业与企业、企业与社会等多元主体的沟通机制，实现民生服务供需精准匹配、良性互动等，都是当前亟待突破的重点、难点。

三、“三高”特征

（一）聚焦解决高频率需求

数字社会系统建设体现了以人为本，最终目的是为老百姓和治理者服务。因此，多跨应用落地要以“数字赋能 + 人文关怀”融合为纽带，重点解决人的高频需求和关键问题。要坚持开门问需，运用“恳谈会 + 揭榜挂帅 + 未来社区数字社会大家谈”等形式，梳理多跨应用目录。

（二）聚焦实现高权重成效

数字社会系统建设特点之一是要能够“大中寻小”“以小见大”，要寻找具有突破性的多跨应用，实现“大场景小切口”“小切口大牵引”。因此，多跨应用要聚焦破解民生痛点、解决高频需求，推动实现特定领域、特定场景下的社会服务共享化、基本公共服务均等化，从而带动更广领域、更大场景下的改革突破和服务创新。

（三）聚焦落地高质量应用

数字社会系统建设要切实做到宁缺毋滥，坚持“一体化、现代化、高质量”的要求，坚持“顶层设计和基层创新相结合”的方法。尤其是目前处于起步阶段，更应坚持“防止新瓶装旧酒、避免低水平重复建设”的原则，率先推进具有突破性、横向联动和纵向贯通的应用落地[1]。

多跨场景典型案例：浙里健康

“浙里健康”是典型的数字社会8个社会事业领域中“健康”的多跨场景，旨在通过省、市、县、基层四级联动，医院、疾控中心、养老机构、社区服务中心等多主体参与，医保局、人社厅、大数据

---

[1] 吴雨馨、邱靓、周文、陈康康、林崇责：《“三多三全三高”——解码数字社会“多跨场景”内涵特征》，浙江经济，2021年第7期，第14-15页。

局、公安厅等多部门协同，面向全体人群，尤其是老年人、婴幼儿等重点人群，提供高频率、高权重健康服务。同时，结合县域医共体、城市医联体、山海提升工程等，推进全体系制度重塑。目前，“浙里健康”高效率谋划开发12个子场景，其中浙医互认、浙里急救等子场景成效明显，百姓获得感强烈（图3–1）。

一是提供全方位数字便民服务。以分时段精准预约为目标，升级预约诊疗服务平台，发布面向老年用户的“关怀版”挂号服务、面向军休人员的个性化挂号服务。同时，结合“城市大脑”进行智能停车导引，赋能社区交通治理。回应社会高频需求，创新体检预约、检查预约等服务，全方位打造掌上预约中心。

二是开展全流程线上协同服务。以卫生健康、医保、人社三部门电子介质协同应用形成的健康医保卡为基础，开展诊前智能导诊、在线取号、排队叫号，诊中身份核验、移动支付，诊后基于互联网医院在线复诊、慢病续方、药品配送的全流程线上一体化服务，将传统就诊环节从8个减少到3个，缴费排队次数从至少2次减少至0次。

三是形成全生命周期健康画像。推动数据互联互通，关联个人医疗健康数据并在“浙里办”向居民开放，形成包含门诊就诊、检验检查、健康体检、慢病管理、医疗费用等多源数据的全生命周期健康画像，不断满足群众全周期健康管理服务需求。医疗健康数据经个人授权后，将逐步向医院和签约医生开放，辅助提升健康服务水平。

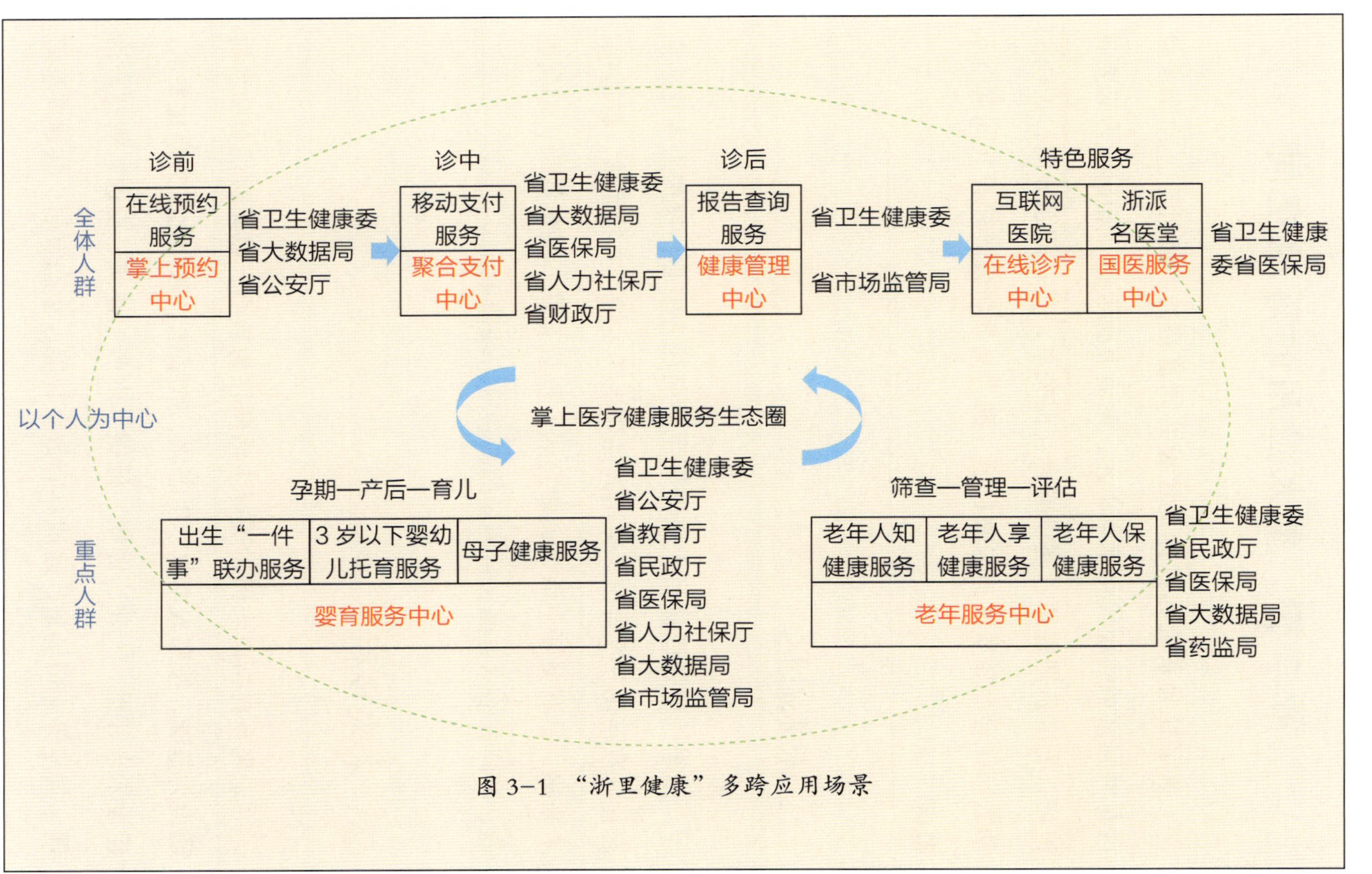

图 3-1 “浙里健康”多跨应用场景

第二节 重大应用的落地空间

数字社会系统的目标是建设共同富裕的美好社会，而未来社区是共同富裕的现代化基本单元，两者互促互推、相向发力必要且迫切，要准备把握两者建设融合互促关系，坚持问题导向，加快推动数字社会高质量落地未来社区，助力高质量发展建设共同富裕示范区。

一、未来社区

未来社区是以满足人民美好生活向往为中心，聚焦人本化、生态化、数字化三维价值，突出高品质生活主轴，有归属感、舒适感、未来感，具有美好生活、美丽宜居、智慧互联、绿色低碳、创新创业、和睦共治六方面独特内涵的新型城市功能单元。

二、未来乡村

未来乡村指以农民对美好生活向往为核心，以新时代美丽乡村建设为基础，按照人本化、生态化、数字化、融合化、共享化要求，建设未来邻里、文化、健康、低碳、生产、建筑、交通、智慧、治理、党建等应用场景，建成具有数字智能、生态宜居、共建共享等未来体验的现代化乡村。

三、数字社会核心场景

数字社会系统积极打造“城市大脑 + 未来社区”为核心的业务场景（图 3-2）。

2021 年 3 月 25 日，浙江省发改委与省建设厅联合印发《关于开展 2021 年度未来社区创建的通知》，以整合提升类、拆改结合类为重点，全面推进未来社区创建，更好把未来社区创建和数字社会建设紧密结合，一体化统筹推进。整合提升类、拆改结合类社区创建未来社区，为实现“城市大脑 + 未来社区”核心场景提供了新载体。

依托“城市大脑”中与数字社会相关的算法、算力和数据，形成由“城市大脑 + 未来社区”构成的数字社会运行系统，通过未来社区服务应用商城和智慧服务平台，全面展示“三化九场景”，为实现“城市大脑 + 未来社区”核心场景提供了新路径。

（一）准确把握数字社会系统和未来社区建设的融合关系

（1）未来社区是数字社会系统内涵的应有之义。数字社会系统是以人的现代化和社会全面进步为导向，以满足人民美好生活需要和实现社会治理现代化为需求，以智能化、协同化、均等化、现代

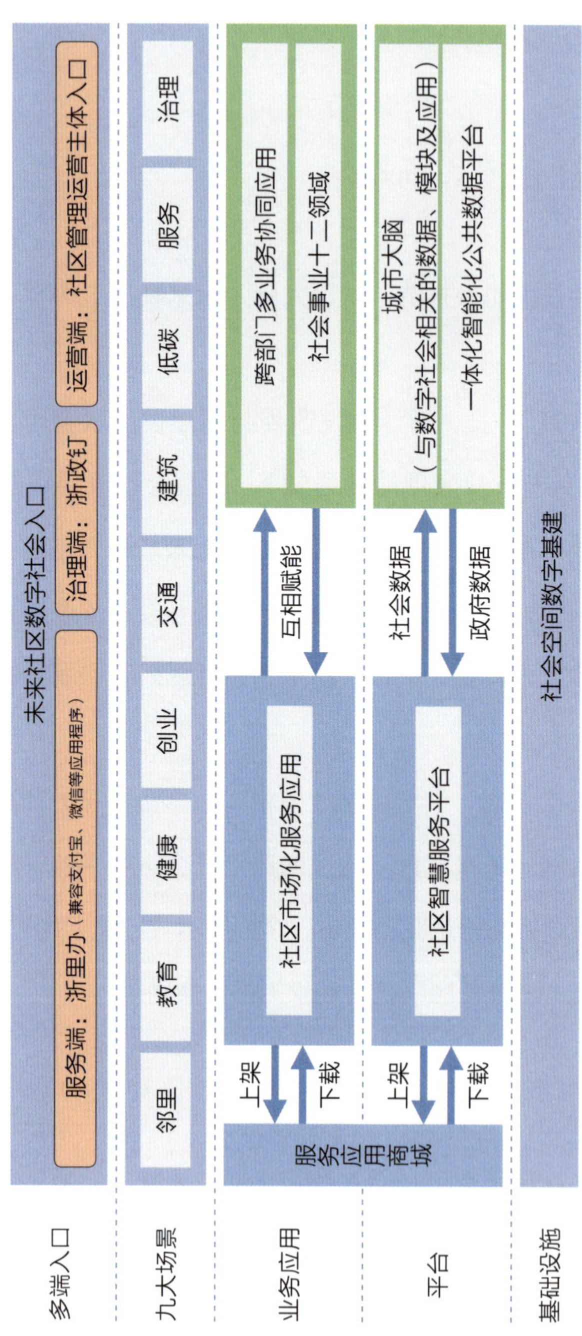

图 3-2 数字社会：城市大脑 + 未来社区

化为内涵特征。未来社区作为共同富裕现代化基本单元，则是以人民美好生活向往为中心，以“三化九场景”为重点。从价值导向看，二者均聚焦以人为核心；从内涵特征看，二者均体现鲜明的现代化特征；从路径看，数字社会建设意在通过数字化改革，加快推进未来社区（乡村）成为建设共同富裕现代化的基本单元。从这个意义上说，未来社区是数字社会内涵的应有之义。

（2）未来社区是数字社会系统场景落地的微观载体。完善城市和乡村各项发展功能，建设现代化、智能化、人本化的公共空间，是满足人民群众现代化生活需求的有效载体。未来社区承载着生产、生活、治理等多元要素和综合功能，是数字社会系统系列场景的落脚点和实践区之一，也是数字赋能公共空间的微观载体之一。未来社区通过承载数字社会多跨场景精准落地，将数字社会系统从宏观抽象向具象场景转化，推动生产、生活、治理三大领域相互协同、互为促进，探索实现社会空间数字化、社会服务共享化、社会政策精准化，切实推动共同富裕看得见、摸得着、真实可感。

（二）实施数字社会应用落地未来社区的关键做法

（1）突出“制度引领 + 数据共享”，夯实社区数字底座。一是出台一批配套支持政策。编制《数字社会落地未来社区的建设指引》标准规范，加快推动卫健、民政、养老等公共服务领域支持政策意见先行出台，将数字社会工作机制贯穿于未来社区方案编制期、建设推进期、验收交付期到持续运营期，推动共同富裕现代化基本单元优质公共服务无差别共享。二是以社区精准治理、精准服务为目标，建立基本单元能力底座。依托一体化智能化公共数据平台，推动社区数据仓建设，补齐社区“大脑神经元”。打通常住人口数据库和社区数据底座，通过数据共享，形成“底数清、情况明、动态准”的基础数据。规范数据采集、存储、入库等环节，实现一次采集、多方使用，为数字社会各条线工作落地基本单元、公共服务落地基本单元提供有力支撑。三是推动融合发展。以“政府数据 + 社会数据”融合、“数字赋能 + 人文关怀”融合，打通未来社区“三化九场景”数字化体系，全方位承接数字社会系统落地未来社区。

（2）突出“持续问需 + 多方参与”，推动社区级应用落地。一是强化问需于民。以健全“智慧便捷、优质共享”的服务体系为导向，推动社区便民服务体制提质增效。推动社区级场景增点扩面，加快研究群众最现实最紧迫需求，全过程梳理核心业务、数据指标、基础事项，确定需求清单，以需求为基础，推进一批能够在未来社区落地的场景应用。推动社区级场景实战实效能力显著提升，加快研究微信端“浙里办”应用标准，推动“我的家园”、社区微信小程序、物业自营应用等平台系统有效衔接。二是强化数据驱动。在确保数据安全、依法依规的前提下，鼓励各级各部门研究建立可开放的数据资源目录，推动建立政府、企业数据资源双向开放机制，探索市场化、社会化规范参与数字社会建设的路径和模式。优先以未来社区为平台，推动第三方参与数字社会系统建设，形成更多的“享系列”“邻系列”应用。三是强化生态营造。更大力度探索“政府赋能 + 市场活力”的体制机制创新，充分发挥浙江省民营经济的资本优势和互联网企业的技术优势，探索为市场、社会主体的创新创造更加开放包容的环境，吸引更多有意愿有能力的企业投身到数字社会系统建设中来。

（3）突出“基层创新 + 经验提炼”，营造共创共建共享氛围。省级部门，既要做好“领跑员”，研究形成一批“应用插座”，推动数字社会重大应用系统化、低成本、快复制落地到未来社区（乡村），减轻基层负担，使服务通过“我的家园”一触直达，又要做好“服务员”，俯下身子抓好条线统筹指导工作，完善“一地创新、全省共享”机制，避免“重试点轻提炼”。各设区市和县市区，要做好“竞跑者”，做到“规定动作”不走样、“自选动作”有创新。同时，要防止“重开发轻推广”，确保开发的应用有人用、都爱用。社区基层，既要做好“战斗员”，承接重大应用功能，加快基层探索，开发上线社区特色场景，综合集成改革核心人物，推动“改革 + 应用”一体融合，又要做好“宣传员”，线上联合新闻媒体，以“直播办”“直播帮”等线上互动推动数字社会应用服务导办，不断提高应用知晓度和群众使用率，线下联合群团、物业等力量，强化应用可持续运营，不定期开展宣传活动；用好社区服务中心等公共办事空间，加大数字社会应用的宣传推广。

（三）典型案例介绍

上城区杨柳郡社区：以数字赋能、智能驱动建设升级版社区卫生服务站，应用互联网＋医疗、互联网＋中医、互联网＋医养及未来健康屋等平台，延伸全人群全生命周期健康管理，构建未来社区健康场景。居民在家门口便可享受智能、便捷、优质健康服务。同时，集成各类数据进行智能分析，可形成个人健康评估及社区诊断报告，为改善居民健康状况提供对策建议。

余杭区葛巷社区：葛巷社区卫生服务站于2018年迁址建成，建筑面积230平方米，配备两医两护。内设有全科诊室、药房、中医治疗室、处置室等。服务站配置“红外热成像测温”设备，实现非接触下人证比对等场景应用；根据慢病一体化门诊流程要求，葛巷社区卫生服务站已重新规划整体流程，增加候诊区和健康小屋。开展健康自助监测，在服务站内配置自助健康监测设备，并实时将居民自测数据传输至HIS和全民健康信息平台，实现在电子健康档案中可查阅居民自测数据实施慢病全周期健康管理，基于杭州市电子健康档案开放和余杭区的数字家医等核心应用建设，实现家庭医生线上线下的签约服务管理。

长兴县齐北社区：打造横向健康与民政、教育、文体、残联等的多跨协同应用以及纵向与省市等卫生健康服务领域的资源业务服务上下协同多跨应用的社区高频互动的大健康融合体。依托健康大脑生成的健康风险指数和健康画像对慢病人群精准分级分类，通过数字化技术生成“千人千面”的个性化健康运动处方和个性化健康膳食处方，构建健康积分与社区积分银行联通兑换，推进数字健康服务，提升人民群众生活品质。

柯桥区大渡社区：通过数字化手段实现医疗服务一键就医、全生命周期健康管理一屏展示、智慧健康站一站服务，重点构建四大应用场景：以健康小屋、健康指数运用为核心的知健康；以智能随访，贴心诊疗（胶囊诊所、云问诊、云药房和自助药房实现 24 小时不间断服务）为核心的享健康；以健康评估为核心的保健康；以乡贤名医志愿服务为依托的医疗卫生社区治理模式。

第三节 重大应用建设路径

数字社会系统是复杂的巨系统，老百姓的需求是千变万化的，我们在认识和实践中面临许多挑战。我们将以“为谁建、给谁用”的效果导向，始终坚持“三张清单”的逻辑主线，坚持数据流和业务流互促共进的实践范式，探索打造重大应用的四条路径。

一、走在前列，从落实国家重大任务中打造重大应用

致广大而尽精微，推动“国家重大任务—核心业务—百姓获得感”的落地。

浙江省认真落实习近平总书记《扎实推动共同富裕》中关于“扩大中等收入群体比重，增加低收入群体收入”以及“就业是最大的民生”的重要指示，聚焦浙江省共同富裕示范区建设“扩中提低”重大任务，以促就业增收入为核心，针对低收入农户、困难人群、进城农民工、新就业形态从业人员等重点群体，开发子场景。一是省人力社保厅打造“就业困难人员帮扶”场景，出台《浙江省维护新就业形态劳动者劳动保障权益实施办法》《关于做好重点群体公共就业服务的通知》等，构建“智能识别—信息推送—主动帮扶—实现就业”就业帮扶新模式，已有1399个镇（街）、22326个村（社）推广应用，已帮扶45万人；二是省商务厅和省发展改革委打造“浙里好家政”场景，出台《家政服务业从业引导性规范》等，协同卫健、人社、公安等21个部门，从低收入和失业群体中精准识别潜在家政人员，培训后推送给家政公司，实现灵活就业。从临海市试点看，已成功识别583人，成功培训117人；保洁员月均承接订单量增长32.7%，平均增收约1500元。三是台州市天台县打造“摊省心”场景应用，针对弱势的小摊贩，出台了《“摊省心”经营准入标准》

《“摊省心”积分管理办法》《食品摊贩管理办法》，开发“摊位服务一张图、出摊经营一码通、共富贷款一键达”子场景，已备案流动摊贩 3876 家，其中低保边缘户 657 家，残疾人 46 家，退役军人和下岗工人 483 家，已为 169 人发放 289 万元贷款，为 53 人提供免费保险，帮扶 108 个摊主转型为店主，助力小摊贩人均日收入有效增收 37%。

二、串珠成链，从满足群众高频需求中打造重大应用

致精微而成广大，形成“百姓小需求—民生好服务—生态大构建”链式应用。

浙江省始终聚焦群众关切，新上线“就业智服”“居家护理”等“高频小事”，迭代形成“关键小事”2.0。始终聚焦好用易用，推进流程再造，升级小事省心办，省税务局提升发票真伪查验小事，增加图像识别、自动填充票据字段等功能。始终聚焦生态打造，推动源于富阳的“医学检查检验结果互认共享”小事升级为“浙医互认”重大应用；推动源于新昌的“一照通用”成为办理其他小事的唯一认证照片，推动户籍和个人照片互认，谋划升级为“一照浙通用”重大应用。自上线以来，累计服务访问量达到 9761 万人次，日均访问量达 81.3 万人次，群众好评率达 99% 以上。该应用已入选数字化

改革第一批“最佳应用”和全省“三为”最佳实践案例。

三、以脑为芯，从提升核心业务能力中打造重大应用

数据流重塑业务流，形成“大脑能力—业务重构—服务催生”创新应用。

浙江省重塑了“浙里培训”应用，催生了信用监管和资金监管，提供选机构、选课程、选师资等服务，8107 家义务教育阶段学科类校外培训机构压减率 100%；优化公民上学“一件事”应用，通过“教育大脑”智能核验，简化入学入园流程；推进优质教育资源延伸至社区末端，已在 28 个未来社区和 5 个未来乡村落地教育场景，实现了学前学后、线上线下、校内校外的全民数字学习服务场景量质提升。

四、全景落地，从建设现代化基本单元中打造重大应用

小单元折射大社会，形成“数字社会应用—线上线下结合—未来社区（乡村）”落地应用。

未来社区和未来乡村是共同富裕现代化的基本单元，浙江省坚

持“一统三化九场景”理念，展现了缩小版数字社会全景图。如，杭州市萧山区“七彩社区”，以“七彩党建大联盟”为引领，通过卫健、民政、教育、公安、城管等部门协同服务，共享城市大脑和基层141平台数据，集成落地了教育、健康、创业、养老、邻里等场景，形成了政府构建公共服务生态、老百姓享受新型生活方式的美好图景。如，衢州市柯城区余东村持续落地养老、教育、文化、治理等数字化场景，正在加快勾勒一幅新时代数字未来乡村新图景。

第四章
数字社会的探索与实践

以标志性成果看成效、以重大应用论英雄的理念，持续擦亮三大服务品牌，加快打造更多标志性应用。

第一节 “浙系列”应用

“浙系列”以“一地创新、全省共享”为目标，以政府主导、普惠全域为原则，基于社会事业的12个“有”，聚焦解决人民群众普惠共享的问题，提炼形成了两条低成本快推广的贯通路径。一条是“基层首创—省级提炼—全省推广”自下而上路径，如“浙里助残”应用，基于江山市残疾人服务数字化应用的实践，通过顶层设计，推动省市县三级应用通、功能通、数据通；另一条是“省级顶层设计—基层试点—全省推广”自上而下路径，如“浙里民生‘关键小事智能速办’”重大应用，由省发改委牵头，坚持人民至上的理念，围绕人的出生、入学、就业、生活、救助、养老等6个方面，多渠道、多方位收集民生需求，对50件群众真正关切的“关键小事”，协同15个省级部门开发建设，通过出台规范指南，串珠成链建成重大应用。应用在杭州、义乌试点上线2个月后，在全省推广和普遍应用，实现政务服务类和生活服务类民生“关键小事”省心办、快速办、无感办。

一、浙有善育，创新构建“0—3”岁健康服务新模式

以习近平同志为核心的党中央高度重视“幼有所育”工作。党的十九大报告强调，加快补齐民生短板，在“幼有所育”上不断取得新进展。浙江省委将更高水平推进“幼有所育”、率先实现公共服务优质共享纳入高质量发展建设共同富裕示范区重要目标。省卫生健康委坚持群众所盼、未来所向，聚焦优质、普惠、均衡，以提升“一小”（0—3 岁婴幼儿）健康水平、提高出生人口素质为目标，以强化健康服务和托育服务供给为切入点，扎实推进“一小”公共服务优质共享，竭力打造“浙有善育”金名片。

1. 主要做法

（1）开展 0—3 岁婴幼儿发育筛查，努力让“一小”疾病“治得早”。在全国率先标准化建设省、市、县、乡四级筛查网络，根据不同筛查结果、按照不同等级转诊，建立儿童保健分级诊疗新格局。

（2）率先建立“5+X”普惠托育服务体系，努力让“一小”有地方“托”。创新发展以家庭照护、社区统筹、社会兴办、单位自建、幼儿园办托班等 5 种模式为主，鼓励各地设立社区驿站、家庭托育点等服务模式的“5+X”普惠托育服务。同时，依托各级妇幼保健机构建立婴幼儿照护服务指导中心、在基层组建养育照护小组，

构建完善托育服务指导体系。全省托育机构覆盖率居全国前列。

（3）实现出生缺陷预防全程政府买单，努力守好生命健康“第一关”。以实施“8+1”项目为载体，构筑涵盖孕前、孕期、新生儿期的出生缺陷一体化防治体系，全面推广婚前医学检查、孕前优生健康检查、增补叶酸、产前筛查、产前诊断、新生儿遗传代谢病筛查、新生儿听力筛查和先天性心脏病筛查等优生“八免”项目和困难家庭帮扶救助项目，同时将浙江省 26 个加快发展县全部纳入公益项目救助试点，实现儿童健康服务均等化，全省出生缺陷发生率逐年下降。

（4）开展基层儿童医疗健康服务体制机制创新国家试点，努力让“医防护”“链得紧”。率先在全国启动建设“医、防、护”三位一体儿童健康管理中心。一方面，整合乡镇卫生院儿童保健基本公共卫生服务、婴幼儿照护服务、儿科常见病、多发病诊治以及儿童免疫接种等资源，构建“医防护”儿童健康保障网。另一方面，整合各类儿童健康服务类人才，打破原有儿童保健与儿科医疗分设、分割的局面，创新儿科和儿童保健类人才统一培养、使用的管理模式，推进基层复合型儿童健康管理人才培养。

（5）开展婴育数字化国家试点，努力让“一小”健康服务有温度。基于浙江省全民健康信息平台，建设全省妇幼健康管理平台，推进与全员人口、预防接种、电子健康档案等系统互联互通。依托“浙里办”建设“浙有善育”服务专区，优化整合政策宣传、健康指导、网上课堂、保健预约、检查查询、“一件事”联办等服务模块，提供生育全程集成服务。在全国率先建设智慧托育管理应用，推进机构办托和婴幼儿入托“一件事”应用场景建设。

2. 实施成效

浙江省儿童健康水平居全国前列，婴儿死亡率持续处于历史低位，远低于全国平均水平，2020 年为全国最低。发育风险患儿得到有效干预。托育服务主要指标居全国前列，全省已备案的托育机构近 3 千家，机构备案率居全国首位；每千人托位数居全国第二。全省出生缺陷发生率逐年下降，唐氏综合征、神经管畸形、先天性脑积水等严重致残致畸出生缺陷发生率均低于全国平均水平。出生“一件事”联办改革得到国家肯定并推广，出生“一件事”联办已实现“掌上申请、刷脸认证、全省通办”，此项改革纳入中央、国务院优化生育政策决定在全国推广。

二、学在浙江，助力建设全民终身学习的学习型社会

基于省域教育资源公共服务体系与学分银行，建立以人为核心的全民数字学习平台。协同各省级部门，加快各类学习资源平台入口集成，推进各类学习成果统一汇聚，加快形成贯通幼儿园、小学、

初中、高中、中职、大学等各阶段的可信数字学习档案，建设全民学习大数据。创新推动全民学习数据在个人成长、生活服务等方面协同应用。建成整合各资源平台、贯穿各教育阶段、联通各职能部门，辐射各行业领域的数字学习生态链，形成学校、家庭与社会共同育人的合力。

1. 主要做法

（1）构建全民数字学习空间。在大数据发展管理部门支持下，推进浙江政务服务网用户体系向长者、学生、幼儿延伸，整合之江汇教育广场、高校课程开放平台及在教育部门备案的在线培训机构登录入口，展现线下教育培训机构信息，实现学习资源一站式呈现。建立知识、能力图谱与诊断服务体系，深入分析学习行为与需求特征，适时发布分析报告。融合学校教育、社区教育等，赋能线上线下学习渠道，面向老年人开展智能技术应用教育常态化的培训服务。

（2）打造可信数字学习档案。利用区块链技术，协同经信、人力社保、文化旅游、卫生健康、交通、体育、科协等部门，推进各部门颁发的职称证书、技能证书、荣誉证书、科研成果、志愿服务与培训记录统一汇聚，推进图书馆、博物馆、体育馆、科技馆等场馆借阅、参观、运动数据共享，融合各类在线培训机构学习记录，汇聚幼儿园、小学、初中、高中、中职、大学等各教育阶段学生评价记录，形成可信学生数字学习档案。

（3）建议学习资源供应管理。建立数字学习资源运营机制，组织开发全民学习数字化学习资源和在线课程，完善以学习者为中心的课程资源建用体系，提供通用教学工具，引入数字出版商，打通数字化教育资源策划、创作、编辑、发行、审定、选用、采购等生产、准入、消费环节，构建全方位的资源建设质量与应用评价体系，实现各类学习资源的精准、有效配置。

（4）形成学习成果转化渠道。适应新时代教育评价改革要求，丰富学分银行内涵，推动不同来源渠道、不同教育阶段学习成果的转换互认，有序开展学历证书和职业技能等级证书所体现学习成果的认定、积累和转换。创新学习大数据应用，深化学习成果在人才评定、就业推荐、技能认定、出行旅游、图书借阅、社区学习等场景下的协同创新。

2. 实施成效

“学在浙江”2.0 服务平台共有“我要学”“我要问 / 查”“我要办”“我的”四大版块，且着重增加了“学”的内容。平台汇聚了涵盖中小学各学科、各年段、各单元的学习资源，建设了全覆盖的学习重难点解析，串联了“求学”“在学”“问学”“评学”完整的教育链、学习链、成长链，总体上能够满足学习者的需要。

无论学生和家长、教师、社会人员都可凭借一人一号的“浙学码”、按不同身份登录：学生可以在这里学习巩固课堂教学内容，在线寻求名师答疑解惑；家长可以在这里了解孩子学习情况，同时实现与孩子的同步学习、同步成长；教师可以在这里查找备课资源，并观摩其他名师的课堂实录；社会人员可以在这里参与继续教育和职业培训，并获得相应的学历文凭认证和职业技能鉴定。

一是创新学习体系。基于政府推动力、学习者参与力、社会协同力和城市学习活力四个维度，综合各类采集数据发布学习型城市和老年教育发展发展指数，衡量全省终身教育发展水平。

二是构建“学分银行”。学习者获得的各类学习成果，不仅可转换，还可生成学习积分，在“积分广场”兑换各类书籍文旅产品、培训课程、抵用券、研学基地参观资格等，存储成果学习记录。

三是创新线上线下融合的学习支持服务模式。通过分层级聚合各类数据形成一个数据空间，提供多层级的终身教育大数据驾驶舱，为决策提供数据依据。

三、浙里就业，构建“就业大脑+智慧就业”体系

习近平总书记强调，就业是最大的民生工程、民心工程、根基工程，是社会稳定的重要保障，必须抓紧抓实抓好。国内经济形势变化的压力传导到劳动力市场，就业结构性矛盾仍然突出，为加快实施就业优先战略，实现“保就业”“稳就业”政治要求，亟须通过数字化改革全力做好“就业是第一民生”的时代答卷。

1. 主要做法

围绕集成服务和智慧服务的目标，通过对就业者“就业前、在职中、转职期、退休后”4个阶段需求分析，重塑业务规则、流程，建设“我要就业、我要创业、我有保障、我要提升、我享退休”5大服务场景。同时，系统实时捕捉就业创业者就业状态变化、多源数据进行智能“用户画像”和“业务画像”、政策服务交互匹配，形成“智配直享”服务机制。

“我要就业”场景：“就业前”综合集成求职招聘、高校毕业生就业“一件事”、个体劳动者就业“一件事”等子场景或服务，引导求职者找到合适的岗位和享受就业扶持政策；同时，集成就业后密切相关的社保医保参保“一件事”、电子劳动合同签订、职业培训一券通等子场景或服务，让群众实现“有劳可得”。

“我要创业”场景：“就业前”智能感知创业意愿，综合集成个人创业“一件事”、企业开办“一件事”、创业培训等子场景或服务，帮助创业者度过困境、释放创业活力。

“我有保障”场景：“在职中”综合集成社保关系转移接续“一件事”、工伤“一件事”、失业“一件事”、安薪码、人才码等子场景或服务，以及残疾人、退役军人、低保群体、低收入农户等重点群体保障子场景或服务，维护劳动者合法权益，确保劳动者“劳必可得”。

“我要提升”场景:“转职期”综合集成专技考试、职称评审、技能培训、技能评价等子场景或服务，提高就业创业者素质、实现自我价值，让劳动者实现“劳可多得”。

“我享退休”场景:“退休后”综合集成退休无忧、企退服务管家、居民服务“一卡通”、身后“一件事”等子场景或服务，提升退休人员社会化服务水平，实现“退有所享”向“退有优享”升级。

2. 实施成效

打破原有以业务条线为边界的服务分类方式，从群众在就业生涯不同阶段的实际需求出发，主动推送服务事项，推进“无感智办”，并扩展外延其他部门的相关民生服务，实现职业生涯全周期全链式个性化精准服务。

基于跨层级跨部门数据共享、网络安全体系等基础支撑，打破业务系统壁垒，通过系统性集成各场景模块，重塑就业创业服务新体系，全面、动态归集就业创业者信息，形成涵盖人社、公安、医保等多部门的人员信息数据池，进行数据自动清洗计算，精准智能“用户画像”和“业务画像”。建立人社数据和应用安全网关，健全完善数据交互机制，实现外部门数据高质量归集，人社业务数据互联互享。

通过数字化改革，量化呈现、智能分析、动态跟踪、全面展示浙江省就业基本情况，围绕推进共同富裕、提升就业质量目标，实现智慧服务高效化、在线监管精准化，开展政策出台前的模拟仿真、政策制定时的风险管控、政策出台后的绩效评价和后评估，为省委省政府决策提供数据支撑和科学参考，整体提升人社治理能力。

四、农房“浙建事”，实现农房全生命周期管理服务

《中共中央国务院关于支持浙江高质量发展建设共同富裕示范区的意见》中明确要求：“提升农房建设质量，加强农村危房改造，探索建立农村低收入人口基本住房安全保障机制，塑造江南韵、古镇味、现代风的新江南水乡风貌，提升城乡宜居水平。”农房全生命周期管理服务（农房“浙建事”）应用，围绕广大农民最关心的事——农房，打造建房审批、安全管理、危房改造、经营流转等场景，推动农房建设管理的流程和机制重塑。

1. 主要做法

（1）审批建房。实施农房审批“一件事”，并将农房设计图集免费选用、建筑工匠选择嵌入审批流程，为农民建房审批提供便捷化服务。落实农房建设过程中的“四到场”管理要求，建房村民在线告知、乡镇（街道）管理人员到场监管，重要节点在线验收记录，细化落实农房质量安全主体责任和监管责任。

（2）安全管理。建立农房分类管理机制，协同基层智治平台进行农房安全常态化网格巡查，建立农房安全风险预警模型，实现风险隐患闭环处置，对农房做到全生命周期安全管理全覆盖。

（3）危房改造。规范农村房屋鉴定管理，实现在线委托鉴定、在线出具鉴定结论，根据鉴定结论分类实施解危闭环处置，自动判定符合条件的困难家庭并在线发放农房改造救助，建立健全"发现一户、改造一户、动态清零"的危房排查治理机制。

（4）经营流转。发布闲置农房信息，对接闲置农房流转需求，实施农村房屋经营"一件事"集成联办，盘活农村闲置房屋，助力农民增收。

（5）建房服务。建立建筑工匠库、设计图集库、房屋安全鉴定机构库供农民选择，并为农民建房提供银行贷款、公积金贷款、保险等服务。

（6）决策辅助。基于农房信息绘制农村人口分布、流动趋势、"人–地–房"等时空图谱，形成区域人员流动热力云图，为农村基础设施和教育、医疗、养老等公共服务设施规划布点提供依据。

2. 实施成效

以全生命周期理念全面重塑农房建设、使用管理机制，突出部门协同、源头管控、过程管理，将服务与管理有机融合，与基层治理有效协同，解决群众和基层的急难愁盼。全部场景上线后，办理农民建房审批上万件，平均办理时间比以前提速60%，审批环节从9个减少到6个。

五、浙里健康，数字化应用重塑就医流程

“浙里健康”是典型的数字社会多跨应用场景，旨在通过省、市、县、基层四级联动，医院、疾控中心、养老机构、社区服务中心等多主体参与，医保局、人社厅、大数据局、公安厅等十部门协同，面向全体人群，尤其是老年人、婴幼儿等重点人群，提供数字化健康服务。同时，结合县域医共体、城市医联体、山海提升工程等，推进制度体系重塑。

1. 主要做法

（1）核心业务梳理。紧紧围绕“以用促建、共建共享”原则，通过V字模型持续迭代，将“业务协同模型”和“数据共享模型”贯穿到卫生健康数字化改革的各领域、各方面、全过程，形成数字健康新服务四个体系、两张资源清单和两张流程图。

（2）多元主体参与。省、市、县、基层四级联动，在省统筹下有序开展应用试点与推广工作。医院、疾控中心、养老机构、社区服务中心密切协同，把数字化、一体化、现代化贯穿于卫生健康服务领域全过程。

（3）多源数据共享集成。基于省公共数据工作平台，集成医保部门的医保结算信息、人社部门的社保参保信息、财政部门的电子票据信息、公安部门的身份认证信息、民政部门的婚姻登记信息等多源数据，赋能场景应用提升。

（4）多部门业务协同。牵头成立十部门组成的工作专班，力争应用创新突破，与医保局、人社厅、大数据局开展“多码协同”，与医保局、人社厅、公安厅迭代升级出生“一件事”，与市场监管局、教育厅、民政厅建设托育备案系统，与退役军人事务厅、大数据局开展预约挂号的应用叠加。

（5）技术制度创新。运用人工智能、大数据、区块链、物联网等新技术，针对性地解决老年人、婴幼儿、孕产妇等重点人群的看病就医难点以及健康管理短板。结合县域医共体、城市医联体、山海提升工程等制度体系，推进卫生健康领域的“共同富裕”。

（6）应用场景落地。面向全体人群开展广泛的“互联网＋医疗健康”公共服务，基于“浙里办”打造“一站式、全方位”的服务入口，面向老年人和婴幼儿等重点人群开展有特色的数字化健康服务，在未来社区、城市、乡村开展数字家医、慢病管理、智能随访等探索，打造线上线下融合的数字健康新服务体系。

（7）流程优化再造。在“浙里办”建设以个人为中心的国民医疗健康专区，整合优化就医流程，打通个人健康信息，实现线上线下医疗服务的闭环，形成全人群、全周期的掌上医疗健康服务生态圈。

2. 实施成效

（1）全方位数字便民服务。以分时段精准预约为目标，升级预约诊疗服务平台，发布面向老年用户的“关怀版”挂号服务、面向军休人员的个性化挂号服务。同时，结合“城市大脑”进行智能停车导引，赋能社区交通治理。回应社会高频需求，创新提供新型冠状病毒核酸检测预约、疫苗预约、体检预约、检查预约等服务，全方位打造掌上预约中心。

（2）全流程线上协同服务。以卫生健康、医保、人社三部门电子介质协同应用形成的健康医保卡为基础，开展诊前智能导诊、在线取号、排队叫号，诊中身份核验、移动支付，诊后基于互联网医院在线复诊、慢病续方、药品配送的全流程线上一体化服务，将传统就诊环节从8个减少到3个，缴费排队次数从至少2次减少至0次。

（3）全生命周期健康画像。推动数据互联互通，关联个人医疗健康数据并在“浙里办”向居民开放，形成包含门诊就诊、检验检查、健康体检、慢病管理、医疗费用等信息的全生命周期健康画像，不断满足群众全周期健康管理服务需求。医疗健康数据经个人授权后，将逐步向医院和签约医生开放，辅助提升健康服务水平。

六、浙医互认，深化医学检查检验结果互认共享改革

浙医互认是充分运用新一代技术，重构诊疗服务流程，通过建设全省统一规划、分级部署的检查检验互认共享系统，实现工作端医生对检查检验结果进行全省域实时校验、重复提醒、快速调阅、互认确认等，服务端公众通过浙里办“浙里健康”专区，方便快捷查询本人检查检验报告和医学影像，治理端各级卫生健康行政部门和质检中心通过“一屏统览”开展监测监管。

1. 主要做法

构建卫健、医保、财政、大数据局、司法、银保监、运营商等跨部门协同工作机制，贯通各级医院间 HIS、LIS、PACS 等业务系统，增量开发检查检验互认共享系统，全省域一体化、标准化推进“浙医互认”应用场景建设。

（1）服务端。一是报告查询与知情告知。迭代升级现有省市县三级检查检验结果数据共享系统，实现近 400 家县级以上医院检查检验报告结果实时查询；增量开发“患者知情告知模块”“互认报告查询”，提升就医获得感。二是诊间“一站式互认”。建立医疗机构、运营商、第三方影像服务商协同工作机制，优化报告、医学影像类资料调阅流畅度；全省统一研发、分级部署互认智控系统、医生智

能提示客户端，重构医生端门诊住院常规检验检查开单、预约、登记、检查、收费流程，实现报告智能推送、重复开单预警提醒、快速调阅、结果互认“一站响应”。

（2）治理端。一是互认监管。建立省市两级结果互认共享技术架构，推进互认资料和监管数据在全省层面互联互通。建设全省统一的互认智控监管系统，围绕互认机构、互认项目、互认规则，上线数字驾驶舱，实时监督医疗机构间结果互认情况，精准治理。二是质量控制。强化全链路数据质量控制，研发“检查检验结果互认标准化数据质控”组件，强化检查检验结果数据从产生、对码、传输、解析、应用各环节的数据质量治理。

2. 实施成效

（1）重塑政策制度和标准规范。强化三医联动，出台医保激励、财政保障和薪酬激励等政策，制定全省互认工作实施意见。2021 年明确了首批检验结果互认 93 项、影像检查互认 180 项；2022 年新增检验互认 23 项、检查互认项目 140 项，占高频检查检验项目 90% 以上。明确互认规则，优化医院考核制度，着力破解“不能认”“不易认”“不愿认”“不敢认”难题。

（2）减少群众就医负担和节约医保基金。推动检验检查结果互认共享是破解“看病贵”“看病烦”顽疾、减轻群众就医负担的有效切入点，也是优化医疗服务流程、节约医保基金的重要举措，同时对增强与综合医改的耦合度具有重要意义。

（3）规范诊疗行为和高效配置医疗资源。建立信用评价制度，依托“健康大脑”，对医生诊疗行为进行赋分评价，加大监管力度，促进优质医疗服务均等高效配置。

“浙医互认”应用解决了长期以来检查检验结果“不能认”“不易认”“不愿认”“不敢认”的问题，丰富了掌上医疗健康服务“生态雨林”。浙江省以数改促医改，成为全国首个全省域启动检验检查互认共享的省份。国办电子政务办肯定了浙江省有关经验做法。

七、浙里医保，实现医保服务无感智办

习近平总书记指出，要完善全国统一的社会保险公共服务平台，深入推进社会保险经办数字化转型。浙江省医保局聚焦保障群众全生命周期医保权益事项，通过事件触发服务、数据驱动业务、系统自动感知、服务主动推送、结算一站代办，实现医保服务办理流程“无感”、权益保障“有感”、群众省心“好感”。

1. 主要做法

（1）权益保障“自启动”，百姓不用跑。从出生参保、就业转续、生育补助、死亡终止等群众全生命周期医保权益入手，打通单位登记、公安户籍、婚姻登记等信息数据，构建数据模型和保障流

程。根据触发规则主动感知跨部门信息数据，自动办理医保服务，由参保人主动申请变为权益自动保障，实现事项触发、系统识别、主动办理、短信告知、百姓确认的权益保障“自启动”，做到数据“多跑路”，群众“不跑腿”。目前已经实现新生儿自动参保、单位自动参保、生育津贴秒到账、慢性病自动备案、退休待遇自动核定、死亡待遇自动终止6个服务事项。

（2）费用结算“一站式”，报销不用等。主动对接工会、残联、民政、退役军人事务管理局等部门，依托医保平台功能，串联起各部门的报销（补助）流程，建立起医疗费用“3+N”一站式平台，创建多部门医疗费用报销（补助）联办机制。平台涵盖基本医保、大病保险、医疗救助、退役军人抚恤优待对象医疗补助、工会职工医疗互助、公务员医疗补助、精神病人免费服药、商业补充保险等共12项报销（补助），在医保侧完成费用“一站式”结算，实现老百姓医疗费用报销“零跑腿”“零材料”“零垫付”“零等待”。

（3）防贫返贫“精准测”，困难不用愁。针对因病致贫、返贫的情况，搭建防贫返贫分析系统，动态掌握就医全过程，实现精准预警。参保人产生大额自负医疗费用的，系统自动将参保人信息推送至扶贫办、残联、红十字会、慈善机构等民政部门和公益组织，实现早帮扶早干预。困难参保人自费比例超过10%或医疗救助达到临界封顶线的，将数据推送给医疗机构和民政部门，提醒医疗机构控制费用的同时主动进行救助，最大限度防止困难参保人因病致贫、因病返贫。

2. 实施成效

（1）转变政府服务发起主体。将“政府”与“群众”一并作为“依申请”办件合规的发起主体。政府主动感知用户需求，精准推送服务上门，改“群众自己办”为“政府帮你办”，实现医保政策享受“无遗漏”和事项经办“无感化”。该应用可实现慢病自动备案，会主动推送困难群众，极大提高了群众的获得感。

（2）形成医保基金智能监管机制。通过模型分析、审核规则，迭代升级现有审核系统，实现由手动测算基金运行状态向动态监测预警转变，由人工查找违法违规疑点向系统精准识别转变，由人工审核向智能审核转变；通过移动稽核、外伤调查，实现欺诈骗保线索精确核查。目前已经配置 180 万条知识库、31 万条审核规则。

（3）构建防贫减贫长效机制。巩固基本医保、大病保险、医疗救助三重制度综合保障，大力发展惠民型补充商业保险，将医保三重制度及惠民保与民政、农业农村、退役军人事务、工会、妇联、残联、慈善、红十字会等部门机构救助补助政策有效衔接，形成多跨协同的综合保障机制。

八、浙里好玩，打造智慧旅游新服务体系

聚焦“游有所乐”，创新智慧旅游新服务，打造“浙里好玩”应

用，推动省市县文化和旅游资源互联互通、共建共享，围绕群众和游客痛点、赌点问题，全面提高旅游发展给人民群众带来的幸福感与获得感。

1. 主要做法

通过整合各类文化和旅游企业和社会资源，省市县、跨部门横向部门数据资源，构建“浙里好玩”省级主站为核心，市级分站为节点、县（区）级主题馆入驻的发展体系，实现五个转变和提升。

（1）由资讯发布单一功能向“跨部门资讯＋产品运营”多功能转变，提升服务功能。针对游客提出的信息资讯不统一、不规范、不全面等问题，改变传统地方平台单一的资讯发布功能，加强跨部门的信息内容整合和跨企业的文旅产品整合，拓展为“跨部门资讯＋产品运营”的功能模块，如协同省发改委的信用查询、交通厅的高速客流查询等，为游客提供“一站式”的旅游信息和产品闭环服务。

（2）由单方面运营向政企共建共拓转变，提升服务质量。与社会、企业积极互动，改变平台传统由单方面运营的模式，加强政府和文旅企业的共建共拓，全面提升“浙里好玩”服务和产品的使用率和触达率。由政府整合产业链上下游资源和跨部门数据资源提供统一平台，文旅企业提供内容和运营支撑，政企共建共拓提升服务质量。

（3）由各自为阵向省市县一体化运营模式转变，提升服务效能。改变各地文旅系统各自为阵、重复建设的工作模式，由省级层面牵头统一建设平台，提供数据和技术支撑。各地通过建设分站和主题馆，加强特色的内容集成，实现互联互通、共建共享，提升整体服务效能。

（4）由单一旅游内容向文旅融合转变，提升服务内容。改变平台传统单一旅游资讯内容的输出模式，加强文化和旅游类多维度的内容集成，为游客提供更丰富的文化和旅游服务内容。

（5）由“线下”为主向“线上线下”并重转变，提升服务效率。为各级文化和旅游主管部门、文化和旅游企业以及广大群众打造线上线下结合的数字文化和旅游服务空间。通过线下旅行打卡等方式，联动线上旅游服务，进一步提升旅游服务效率。

2. 实施成效

（1）全省旅游景区一图导览讲解服务。通过对目的地、路线、主题、旅游公共设施等相关纬度信息数据归集，为游客一站式信息查询服务。同时，通过将基础数据和旅游地图结合，提供线上景区智能化、可视化的导游和导览服务。

（2）丰富特色旅游主题内容服务。整合百县千碗、浙里非遗、文心匠旅等特色主题资源，为游客出行提供优质的、有浙江特色的主题内容服务。

（3）提档全域旅游资讯攻略发布。通过对 POI（资源兴趣点）、主题、路线等内容信息的采集，为游客提供有深度、有温度并且结构化的目的地资讯攻略内容。联合浙江优质旅游达人，以达人亲身旅行经历，为游客吃住游购提供真实有趣的游玩指南。

（4）形成个性化旅游行程定制。基于底层丰富的 POI 数据库资源，根据游客选择的个性化标签信息，为游客智能化快速匹配其感兴趣的信息内容并形成路线攻略，帮助游客一站式智能化解决私人行程定制需求。

（5）高质量推进景区、博物馆预约预订。围绕文旅出行相关的交通、景点、美食、住宿、游览等环节，为游客在“浙里好玩”平台提供一站式预订预约服务。

（6）打造浙江辨识度的旅游产品库——“浙里优选”。通过对浙江省内特色文旅产品进行包装策划，形成有别于 OTA 平台的非标优质旅游产品体系，为游客提供差异化产品服务。

（7）强化旅游市场投诉咨询服务。加强对文旅企业的监督管理，为游客提供投诉咨询热线的快速通道，提升游客在浙江旅游的整体满意度。

（8）更多公共信息服务。整合多项公共服务，如高速路况、公交出行、导游等多项快速服务查询，提供游客在浙江的更多场景服务。

九、浙里康养，加快健全“家门口”的养老服务体系

打造“浙里康养”金名片，是浙江省共同富裕示范区建设的十大标志性成果之一。“浙里康养”集成改革，是社会建设的主战场、深化改革的硬骨头、是共富成效的直接检验。浙江省民政厅会同相关部门打造“浙里康养”数字化应用场景，让浙江老年人都能享受到有保障有质量有活力的福寿康宁美好生活。

1. 主要做法

“浙里康养”应用聚焦需求，以“1+5+5+*N*”总体框架，构建 6 个老有场景，为用户提供 *N* 个微服务：

（1）一画像，绘制老年人精准画像。已完成全省 1229 万户籍老年人开展自理能力评估，共享救助、社保、医保、健康等数据，形成精准画像，按不同类型提供不同基本公共服务。

（2）一清单，发布养老公共服务清单。聚合老年人福利、优待、健康、教育等事项，构建公共服务配置模型，变“人找政策”为“政策找人”，200 多万人共享服务。

（3）一张图，建立康养地图。数字化养老机构布局和专项规划，利用 3D、AR 等技术汇聚展示 3 万多个养老设施，治理端一图看清供需情况，需求端一图找到资源。

（4）一超市，打造养老服务综合超市。将为老年人服务的企业、社会组织及其产品汇聚并对其实施监管，既可以让老年人放心，也能培育消费市场。

（5）一指标，形成浙里康养评价指标。从 4 个维度构建了养老服务综合绩效指标，构建“浙里康养”7 个方面 40 项指标，并测评满意度。

（6）一跨越，跨越老年人数字鸿沟。以长者码、刷脸、实体卡、语音等为主，创新运用视觉增强、触控辅助，保留电话、按键等传统手段和线下服务，方便老年人使用。

2. 实施成效

（1）创新“三张图”应用，推进“机构跟着老人走”。郊区养老院“一人难求”，城区“一床难求”供需失衡。我们共享户籍老年人数据，通过入户调查，按常住地精准落到村社，形成居住热力图。大家可以调用一张图，按一定半径画圆，查看养老机构及其床位。我们规划高密度地区 500 米内有 1 家养老院；中密度地区 1000 米内有 1 家养老院。我们建立了“三图”监控机制，如变成绿色，则意味着实现了“机构跟着老人走”。企业可比较“三图”颜色，布点建设，精准供给。

（2）创新“居家 + 社区机构 + 智能养老”新模式，推进家门口幸福养老。浙江省 98.5% 以上老年人选择居家养老。为满足需求，我们推进家门口养老场景建设，将所有乡镇街道居家服务中心配备智能服务终端列为省政府民生实事。大家可通过视频直接调用居家服务中心运行情况。智慧老年食堂场景，可实施老年点餐、精准配送。家庭养老床位，可让居家老人享受专业化机构养老服务。

（3）创新康养联合体数字化应用，推进医康养有机融合。老年人慢病康复、就诊、取药，是高频需求，医康养一体化的康养联合体场景，在不改变体制机制情况下，整合了医疗、康复、养老等资源，为在院老年人提供了综合照护，并建立了虚拟养老院，通过适老化改造、智能化配备、规范化服务，整合了家庭病床、签约医生，以方便老年人居家养老。

十、浙有众扶，推动社会救助的多样化保障

深入贯彻落实习近平总书记关于社会救助要“兜住底、兜准底、兜好底”的指示精神，聚焦解决当前救助资源分散、救助形式单一、救助服务供给不足的难点痛点堵点，围绕解决好“谁该帮”“帮什么”“谁来帮”“帮到哪”“帮得怎么样”的问题，“浙有众扶”应用集成政府、社会、市场多维资源，推动实现社会救助由兜底救助向多样化保障、由户籍人口向常住人口、由单一物质类救助向“物质+服务”类救助转变。

1. 主要做法

（1）打造“谁该帮”精准识别场景。依托数据集成，全省统一建成“低收入人口基础数据库”，按在册困难对象和持续监测对象实施分类管理，对在册对象进行数据挖掘，为“扩中提底”提供决策分析。

（2）打造“帮什么”供需匹配场景。以清单化方式，梳理出政府救助清单和社会帮扶清单，困难群众可以登录“浙里救”在线按需选择服务项目。

（3）打造“谁来帮”双线联动场景。打破传统“一事一申请”的物质救助模式，以线上“一件事”联办和线下“助联体”建设为“一体化”共治平台，推动政社企高效协同、线上线下双线联动。

（4）打造“帮到哪”核对预警场景。优化“家庭经济状况核对”功能模块，为住建等8个部门开展核对服务，对收入超标对象纳入“渐退管理”，防止政策退出的“一刀切”。

（5）打造“帮得怎么样”绩效评价场景。从各地各部门工作绩效、保障水平、群众满意度评价三个维度量化改革成效。

2. 实施成效

通过全量归集数据、系统统筹资源，形成了可视可办可查询可研判的功能集成。治理端，可实现困难群众申请、核对、认定、救助、监测全流程“一张网”统管、救助事项“一件事”联办、救助服务“一户一策”精准供给；服务端，可实现困难群众凭“一张身份证”享受一证通办、全省通办、一码跟踪服务。

（1）实现多跨集成。一是在监测对象上。从教育、卫健、医保等8个部门集成困难对象、易返贫致贫对象、地方认定的其他低收入对象等共计16类对象数据纳入数据库。二是在救助资源上。以清单化方式，集成31个政府救助政策和534个社会帮扶项目，比上年同期增加154.5%。三是在帮扶力量上。以线上“一件事”联办和线下“助联体”建设载体，推动政社企高效协同、线上线下双线联动，搭建了一体化“众扶”平台，一体化多元化的“众扶”机制基本形成，“一件事”联办事项拓展至15个。

（2）实现监管闭环。一是动态监测。将在册对象和持续监测对象家庭的抗风险能力智能分为“弱、中、强”，并与动态监测、异常预警、响应处置、政策实施等环节进行匹配。依托动态监测智能模块，通过家庭结构变化预警（新生儿、死亡火化信息预警），将主动发现将困难家庭纳入低保、低边救助；通过收入骤减预警（失业信息预警）和支出骤增预警（高额医疗费用支出信息预警），对困难人群进行医疗、就业、临时等救助，通过增收、减支等救助政策，帮助发生困难对象渡过难关，做到动态监测、分类处置、精准纾困、有效“提低”。二是精准画像。从家庭结构、收入、财产、支出、健康情况、救助情况等六大维度，分析梳理出48个影响个人或家庭经济状况较大、指向性较强的关键性因素指标，并按兜底型、急难型、支出型、关爱型、发展型“五型”对困难对象“精准画像”。三是供需智配联合众扶。通过精准画像和分析，智能化匹配“一户一策”帮扶建议，并分类转办处置，将结果集成至“幸福清单”，实现救助需求线上智配、救助服务线下直享、救助结果系统集成的闭环。

十一、浙里公共服务在线，重塑公共服务供给方式

为贯彻落实党中央、国务院关于高质量发展建设共同富裕示范区的决策部署，以推进基本公共服务均等、普惠、便捷、可持续为目标，运用数字化改革理念和手段，依托“浙里办”App开发上线浙里基本公共服务“一键达”重大应用，变基本公共服务“被动提供”为“主动提供”、变“零散服务”为“清单服务”、变“站点不明”为“站点地图”，努力做到基本公共服务“应知尽知、愿享尽享”，让政策直达、服务直享。

1. 主要做法

（1）创新开发基本公共服务“一键达”场景。基于多元人口数据碰撞生成的人员标签，通过智能匹配模型，精准形成“可享服务清单”，可一键查询。如，针对有小孩的家庭，会主动推送儿童预防

接种、儿童健康管理等服务。建设公共服务数字场景统一入口，实现“15 分钟公共服务圈”一键达，让百姓动动手指就可以快捷了解 15 分钟可达的公共服务内容和服务时间，并可提供一键导航，还可快速预约博物馆、纪念馆等文体设施。

（2）创新服务设施精准布局模式。基于省市县基本公共服务设施资源一张图，以各地人口结构为核心，形成人口与资源设施的匹配度、人口与服务设施的可及度指标，率先在杭州市探索形成反映市县公共服务供给质量和均衡水平的“地区公共服务资源均衡指数”。

（3）创新开发“家庭码”。聚焦便民利民服务高效、社会治理模式创新、惠民政策精准直达，以出生、人口、婚姻等法定数据为基础，血缘关系为纽带，以近亲属共同生活事实为补充，创新开发“家庭码”，重点解决“一老一小”享受基本公共服务“盲区”、数字鸿沟跨越、以家庭为单位的事项无法办等问题。

（4）创新落地“家庭码”服务场景。基于“家庭码”实现以家庭为单位的服务清单共享和代办授权等功能，探索以家庭为单位的服务更便捷、更直达。如家庭医保共济，可通过调用组件授权，实现家庭成员信息绑定“变手动填报为自动确认”。如家庭文旅票，可通过调用“家庭关系查询”组件，实现以家庭为单位的文化场馆预约。

2. 实施成效

（1）服务方式变革。聚焦群众服务，通过制度重塑和流程再造，实现服务清单一端查看、服务内容一键享受，全周期追溯服务事项。通过大数据精准识别政策条款，推动服务供给从“被动”向“主动”转变、从“模糊”向“精准”转变。通过开发“家庭”关系组件，实现服务从单一的“我”向“我的家庭”延伸，助力跨越老年人数字鸿沟，推动服务从单点向集成跃升变革。

（2）设施配置优化。聚焦更好发挥政府治理和决策，从“供需保障、服务品质、资源配置、公众感知、目标达成”5个维度，构建全链条的治理体系。将托育、教育、卫生、养老、文化、体育、文化和助残等八大领域、32类公共服务设施资源进行标准化数字化治理，对“15分钟生活圈”进行模块化分析，通过算法匹配当地人口分布和服务需求，评估预警供需匹配度，加快推动公共服务设施配置优化。

（3）社会空间重塑。以数字化赋能社会现代化，让数字空间成为重塑物理空间与社会空间的新载体。一方面，提升物理可达性，通过以人为中心的资源配置路径，推进标准化基本公共服务供给，重塑慢行可达、高效复合的空间布局；另一方面，提升社会可达性，通过数字化实现服务供给与反馈机制联动，推进基本公共服务设施的社会属性更贴合百姓使用需求。

十二、浙里民生“关键小事”智能速办，提升群众办事获得感

习近平总书记强调：“要坚持把群众的小事当作自己的大事。”时任国务院总理基于浙江省“车辆检测一件事”改革，批示要求推动更多“关键小事”落地。浙江省坚持“以人民为中心”发展思想，聚焦解决群众高频、高权重“关键小事”办事烦、办事难、办事慢问题，运用数字化改革理念、认知、手段，开发上线浙里民生“关键小事”智能速办重大应用，依托“浙里办”App在全省域贯通和普遍使用，推动“关键小事”省心办、快速办、无感办。

1. 坚持问需于民，梳理形成“关键小事”清单

立足群众视角，聚焦群众所急所忧、所思所盼的小切口，突出高频、高获得感，通过召开群众恳谈会、发放需求问卷、需求揭榜征集、办件量分析等多种形式，尽可能找出群众眼中最急需的“关键小事”。

（1）覆盖全周期和全流程。围绕群众生活服务“全生命周期”，聚焦事项办理全过程闭环，推动实现“高效办成整件事”。浙江梳理出人生6个阶段50件“关键小事”，其中出生4件、入学6件、就业14件、生活16件、救助7件、养老3件。

（2）涵盖原子事项和多跨事项。50件小事中，既有单独办理的原子服务事项（比如，初中、高中、中职学历证明事项，这一类相

对单一，通过在线确认就可免材料快速办理），也有方便群众办事的跨部门多业务协同服务事项（比如，医学检查检验结果互认共享事项，通过卫健、医保、财政、商业保险机构等跨部门协同，制度重塑，推动不同医疗机构检验检查结果互认，避免患者重复查、多头查，破解医疗机构不敢认、不愿认）。

（3）兼顾普通群体和特定群体。既把普通群众生活关联度高的各类公共事业类服务和各领域便民惠民服务应纳尽纳（比如，车辆检测一件事、图书一键借阅、居家护理等），也充分考虑特定群体诉求，扩大改革覆盖面（比如，宠物犬证服务、残疾人证办理“一件事”、浙里急救一键呼叫等）。

2. 突出数字赋能，推动“关键小事”智办速办

通过业务协同、场景多跨、技术创新、制度重塑等数字化改革手段，形成主动感知、数据共享、联办联审、数据跑腿 4 条改革创新路径，推动服务事项无感智办、即办、快速办。

（1）被动转主动。转变服务模式，将原来需要群众主动申请才能办理的服务，通过大数据分析主动感知群众需求、主动提醒群众可享政策服务、主动预判群众需求并推送相关信息，有力推动政策适用人群“应享尽享”。如“失业保险金申领无感智办”事项，经办机构会提前介入，通过后台数据比对，发现符合条件的群众后，主动向当事人推送信息，并引导其完成事项办理，实现服务精准推送

和直达直享。

（2）填报转确认。通过建立数据共享模型打破信息孤岛，以信息确认方式进一步优化群众办事体验。如“流动人口居住登记”事项，申请人可通过移动终端实名认证登录，线上确认基本信息后，系统会自动将数据传输至业务主管部门核实并予以办结。整个办事流程需填写的数据项从 20 个精简到 8 个。

（3）能办转速办。通过优化服务流程，原来需要多个环节办理的事项实现了联办联审。推动串联改并联、单点向集成，进一步提高了办理速度。如宠物犬证服务事项，宠物主人可通过“浙里办”上传登记资料，公安机关审核后会提供预约二维码，宠物主人凭码到宠物医院开展免疫、植入芯片，生成含有疫苗接种信息的电子犬证，实现了犬只“免疫、登记、芯片植入”一站式服务。

（4）普通转智能。通过各类新技术手段提高数据采集效率，实现智能联通多个环节。通过“数据跑腿”代替群众办事、办事员理事，实现高效协同、智能识别。如非伤人轻微物损交通事故处理事项，事故当事人可一键报案和拍照取证，后台智能会匹配车辆信息、人员基本信息，交警部门远程定责，保险机构远程定损，当事人双方如无异议，可快速离场，恢复道路交通。

3. 强化管用好用，持续迭代升级应用

按照“规范指引—监测评价—反馈提升—动态调整”工作闭环，

推进“关键小事”智能速办应用标准化、一体化、全贯通，持续提升群众获得感、认同感、满意度，全力打造成共同富裕示范区建设看得见摸得着的数字化改革标志性成果。

（1）制定标准规范。出台《浙里民生“关键小事”智能速办重大应用标准规范》，按照“立标—学标—贯标—达标”四步法，明确每件“关键小事”定义解释、需求场景改革三张清单、建设模式、责任单位、办理标准、评价标准等，规范化、标准化推进应用建设，确保全省推广不走样。

（2）定期监测评价。建立常态化巡查机制，对 50 件“关键小事”的访问量、办件量、好评率等进行定期监测，对发现的新问题新堵点及时改造升级，对高频特性不明显、群众获得感不强的“小事”，及时动态调整更新。

第二节　邻系列应用

“邻系列”以“一社区创新，全社会共享”为目标，以政企协作、直达社区为方法路径，聚焦解决数字化场景应用和群众获得感“最后一公里”问题。依托数字社会“城市大脑＋智慧空间”的核心场景，将社会事业 12 个“有”的服务和多跨协同服务开放给未来社区（乡村）智慧服务平台。该类平台由政府部门和企业联合打造，是市场化开发程度最高的一类应用。政府为社区服务商提供可开放的数据，社区应用服务的结果再回流至“城市大脑”，推动“城市大脑”和社区智慧服务平台的数据相互打通、双向赋能，为老百姓和社区治理者提供低成本、快复制的服务。

如志愿浙江“邻里帮”。这是浙江省委宣传部统建的志愿浙江落地到未来社区的典型应用，以线上线下的社区问需调查为基础，协同教育、文化、卫健、民政、关工委、共青团，建立了社区周边志愿服务“一图通览”，设计了“四点半课堂”“关爱助老”“心理援助”等子场景，创新了邻里之间需求与服务精准对接的互助式志愿服务模式，形成了《浙江省志愿服务激励嘉许办法》等制度，破解了群众想做志愿找不到入口、志愿服务与社区需求无法精准对接、志愿者可持续服务机制不健全等问题。志愿服务融入社区生活，成为全民参与提升社会文明新风尚的生动实践。该成果得到了中宣部的肯定。

一、“邻里运动”应用

社区体育生态的良性循环是人的全生命周期健康管理的基础工程，全民健身是“健康中国”建设进程中人人追求现代健康幸福生活的重要方式。“邻里运动”应用创新公共体育服务模式，推动全民健身资源集聚、健康促进、生态构建，关切回应群众健身场地、伙伴、技能、健康、激励等多元需求，打造“体有所健”典型应用，推动全民健身共建共治共享，助力共同富裕建设美好家园。

1. 主要做法

一是构建“十全十美”全链服务闭环。“一站式”汇集十项“邻里运动”要素，创造十分美好体育生活，即：运动账户可创、场地可查、社群可加、指导可得、培训可享、赛事可乐、挑战可约、精彩可秀、积分可奖、健康可知。二是达成线上“六约”友好撮合。通过系统推荐可查询可“约场”；自由创建体育社群实现运动社交“约伴”；社会体育指导员平台注册提供群众点单“约教”；个人或者社群之间可相互“约战”；组织公益培训提供群众“约课”；群众可自主开展体质健康“约测”。三是智能归集数据实时监测。“2+X+IoT”智能物联社区 1 个室内和 1 个室外体育场地，串联文化礼堂、学校、公园等 X 个场地。市、县、街镇、社区（村）四级驾驶舱实时监测场地使用、活跃人数、运动排行、公益服务等大数据。

2. 实施成效

一是构建“家门口”便捷惠民服务新格局，应用贯通省、市、县、乡镇（街道）、村（社区）五级，重塑覆盖全市域、全人群、全周期的公共体育服务体系。二是创新运动促进健康机制，建设“体医融合”增量模块，再造“体质监测、问题预警、运动处方、干预康复”服务新流程。三是完善全民健身价值转化机制，以邻里运动重构人与社区的团结，集成“全民健身+公共服务+社会治理”线上线下、多跨融合场景，营造“社区大家庭”健康生态。

二、“邻里康养”应用[1]

习近平总书记指示要加快健全社会保障体系、养老服务体系、健康支撑体系，落实好老年优待政策，让老年人共享改革发展成果、安享幸福晚年。浙江省认真贯彻落实积极应对人口老龄化国家战略，着眼共同富裕示范区建设，推进基本养老服务触手可及。“邻里康养”应用让邻里亲属互动有平台，能方便老人获取各项福利待遇，让公益惠民低利润的商品及为老服务伸手可及。数字适老化改造可方便老人使用，让居家养老安全有了保障。

1. 享优待

以社区为基本单元，汇集跨部门为老政策，精准告知老年优待，实施敲门行动，拓展主动关爱，不断提升老年人获得感。

（1）一单清。县级民政局会同司法、建设、公安、人社、卫健

---

[1] 浙江省民政厅：《数字社会“养老大脑+智慧养老”多跨应用落地未来社区和乡村实施指南》，2021。

等部门动态更新老年优待清单、为老服务清单。居民可便捷了解老年人公共交通、图书馆、旅游景点、老年食堂、司法公证等优惠和户口随迁等服务，使用老年优待凭证享受优惠待遇；了解跨部门为老服务政策和享受条件，获悉已享受意外伤害保险、高龄津贴和养老服务补贴等。未来社区编制了老年优待与福利清单手册，会不定期组织宣讲。

（2）邻里助。子女、监护人、志愿者和社区助老员等可以成为“邻里养”用户，与老年人进行爱心绑定，帮助老年人享受老年优待与福利。未来社区会组织助老员定期开展敲门行动，核实老年人常住信息，根据老年人意愿，协助爱心绑定。

（3）响铃帮。老年人生活、身体状况有变化或对福利待遇有疑虑的，可点击“响铃帮”。“养老大脑”会推送已享受福利待遇，并根据户籍、年龄、健康、失能等，自动计算显示应享受福利待遇。响铃会提醒社区助老员或基层工作人员代为办理。未来社区助老员会定期核实老年人福利情况，如存在应享未享的情况，会主动协助办理。

2. 约服务

依托居家服务中心，以数字化手段，便捷医康养服务供需对接，方便老年人及其家属点单式享受康复护理、生活照料、精神慰藉等服务。

（1）送餐服务。智慧化改造老年食堂。汇聚社区助老餐饮机构，提供老年营养膳食。老年人及其家属可按口味、健康等，线上预约配送个性化老年餐。未来社区会协助做好老年人助餐配送餐服务。

（2）居家服务。上线参与居家养老服务社会组织。老年人及其家属可预约助洁、助浴、助行、助医和康复护理、辅具适配等服务，按需制订养老服务方案。未来社区会协助做好居家养老服务质量评价。县级民政局负责会同有关部门审核把关上线“邻里养”的居家养老服务商。

（3）康养服务。康养联合体方便了解参与的医疗机构、康复机构、护理院和养老机构的位置、价格、功能等信息。老年人及其家属可预约机构进行稳定期康复、出院后护理。未来社区组织辖区养老服务机构会更新“养老地图”信息，配合老年病、康复等专业医护人员社区巡诊。县级民政局会同卫健等部门负责为康养联合体与县级人民医院或三级医院建立绿色通道。

3. 智守护

方便老年人及其家属参加健康教育，延缓老年人失能失智的发生，参与家庭适老化、智慧化改造，应用智慧养老终端，第三方机构提供 24 小时服务响应等。

（1）能力自评。老年人及其家属可按统一标准，进行身体能力自我评估，上报自评结果。对于自评能力不完好的老年人，未来社区将组织人员上门初筛，并代为符合政策的老年人申请养老服务补贴或长护险，转介第三方构专业评估。县级民政局会同卫健、医保等部门按政策给予失能老年人相关照护服务。

（2）失智干预。老年人及其家属可进行线上认知症自评，申请参与认知症社区筛查，参加认知症早期干预培训，以延缓老年人认知功能衰退，提升认知症老年人照护质量。未来社区会组织认知症知识线下培训，协调组织手指操训练、认知功能训练等非药物干预。

（3）安全智护。老年人及其家属可预约家庭适老化、智慧化改造服务，包括配置紧急呼叫、智能门磁、安全传感器、生命监测等设备。安全智护构建了防跌倒防走失等应用场景，可远程管理老年人起居，有条件的家庭可以设置家庭养老床位。县级民政局会同财政、卫健、市场监管和医保等部门会把关适老化改造企业，指导建立应急响应中心。未来社区将做好家庭适老化、智慧化改造的摸底工作，并配合做好紧急呼叫的响应工作，提供必要的安全警示。

第三节　享系列应用

“享系列”应用是政府和市场“碰撞”后产生的，是数据资源市场化改革的有益探索和实践。该系列应用是以“市场参与、丰富服务”为目标，以政府主管＋国有企业控股建设运营、政企共建＋企业运营和政府赋能＋企业建设运营等为方法路径，聚焦人民更高品质的需求，积极发挥市场作用，吸引企业和社会力量参与数字社会系统建设，不断丰富应用场景，着力破解优质公共服务供给不充分的问题。

例如，宁波惠享理赔这是市场力量参与数据社会建设的典型应用之一。它围绕破解群众“投保容易理赔难”、保险机构案件调查难、医疗卫生机构数据对接难等问题，编制了《浙里甬 e 保（惠享理赔）多跨场景应用改革实施方案》。宁波市通过数字健康保险交易平台将 410 家公立医院的挂号、检查、检验、住院、发票等 21 项居民医疗数据，共计 5 万余条，开放共享给 22 家商业保险机构。这不仅打通政府医疗数据与市场商保数据之间的“堵点”，还为广大人民群众提供了核保、核赔调查及快赔服务，实现了商业健康保险理赔“一次不用跑”的目标。

一、“礼享大学生”应用

人才是城市竞争的第一资源，城市间的竞争归根结底是人才的竞争。大学生作为最富活力、最具发展潜力的人才群体，是大众创业万众创新的生力军，是引领城市创新发展的强大“源”动力之一。国务院办公厅《关于进一步支持大学生创新创业的指导意见》(国办发〔2021〕35 号）明确提出，各地要优化大学生创新创业环境，加强大学生创新创业服务平台建设和信息服务，来提升大学生创新创业能力。

宁波市在校大学生和每年新引进大学生近40万人。他们对所在城市的文化、落户政策、创业环境、补贴申报等高频业务事项“掌办”呼声强烈。然而，大学生政策咨询、线下服务事项办理等工作量大面广和“多头跑、跑多次”矛盾日益突出，目前还缺乏相对集中、有效的大学生服务体系。一是大学生对城市的人文研学、公益志愿、实训实践基地等需求强烈，但信息获取途径有限，对于实践、志愿及落户、创业等政策知晓率不高。二是刚毕业的大学生对办理各类就业鉴证、档案户口、安居申请等需求旺盛，但各类政策获取的渠道不一，无法获得更加高效服务保障。三是大学生对各类创业补贴等扶持政策，以及出行、健康等生活便利需求普遍，但目前各地、各部门相关政策内容等均不一样、相对较零散，待进一步集中。

1. 主要做法

宁波市聚焦大学生群体核心高频服务事项，结合不同阶段需求，优选推出“学得欢、进得顺、创得成”等多跨场景；利用数字化改革手段，通过市内接口共享平台，打通了跨部门间社保、户籍、婚姻、教育、不动产等数据系统交互共享；通过整合数据资源和业务流程再造，提供线上“一键”申请、“一站”受理、“一次”办结的便捷服务，大幅缩短了办事时间，实现了大学生服务“一件事”掌办功能集成；通过数据分析算法、自动匹配研判，实现了政策精准推送、政策主动找人的智能精准研判服务。

2. 实现成效

宁波市镇海区“礼享大学生”多跨场景应用相继被中国组织人事报、中国劳动保障报、人民网、浙江新闻、宁波日报等国家、省市媒体纷纷报道。宁波镇海经验做法获得高度肯定。

镇海区依托浙政钉推出多跨场景治理端，打造了应用数字驾驶舱，健全了掌办业务数据指标的动态监测；通过数字看板，实现了在校大学生和创业大学生就业创业情况“一图总览”，为政府职能部门制定大学生就业创业扶持政策、开展精准引才活动，精准施策、提升财政资金效能提供了数据支撑。

二、“享家政”应用

衢州市深入践行以人民为中心的发展理念，基于百姓生活密切相关的家政服务事项谋划建设“享家政”场景应用，通过打通政府与市场数据流通渠道，迭代升级形成了“享家政”应用场景。“享家政”数据可赋能家政服务领域，为百姓提供了更加放心、便捷、高效的家政服务。其数据回流可提升政府治理能力，促进未来社区建设，推动数字经济发展，助力实现共同富裕。

随着人们生活水平的提高以及受老龄化、少子化等多重因素的影响，百姓对家政服务需求与日俱增。但家政服务行业在做大做强的过程中仍然还存在一些痛点和难点。从服务群体角度上看，“80后”“90后”成为家政服务的主要消费群体。他们具有年轻化和个性化的特点，对服务体验的要求更高。其中“90后”订单占比达到45%以上，他们更加在意时间成本、购买体验等无形价值。从家政行业角度上看，存在供需信息不对称、用户掌握的从业人员信息不全面等问题。从政府角度上看，在提供公共服务方面，存在有效供给不足的问题，比如对在职业技能培训、养老机构建设、育婴育幼等方面的需求掌握不精准。此外，还存在对家政行业监管不足等问题。

1. 主要做法

以数据互联互通作为切入口，依托衢报传媒96811家政服务平台，迭代升级形成“享家政”场景应用，打造与数字化时代相适应的生产方式和治理方式。

（1）强化协作联动。一是与公安局实现基本信息、犯罪记录查询协同。二是与人社局实现从业资格、培训信息、社保缴纳情况查询协同。三是与卫健委实现健康体检情况查询协同。四是与农业农村局实现农村剩余劳动力数据协同。五是与市场监管局实现企业信息查询协同。六是与商务局实现安心码数据协同。七是与妇联实现保姆月嫂培训情况查询协同。八是与信用办实现信安分数据协同。

（2）综合集成。通过融合4家重点培训机构和25项数据集，衢州市集成较为完备的家政行业数据库，再造家政服务从消费者到市场主体之间的全新业务流程。在“享家政”产生的订单交易数据会回流各部门，为相关决策提供了有力支持。衢州市优化部门的监管视角，打造优质家政服务品牌，最终达到企业服务更高效、消费者体验更优质、政府治理更精准的目的。

2. 初步成效

（1）实现行业赋能，增强百姓获得感、幸福感。政府用数据为市场化企业赋能，服务消费者。“享家政”应用体系可以增强企业的精准服务能力。数据可赋能行业标准、服务流程标准、家政诚信体系等的建立，持续推动行业健康发展。“享家政”为消费者提供了更为完善、全面的服务，人员信息可查询、价格公开透明、技能培训标准化、用户信息安全有保障，实现了消费者“家政服务放心找”。消费者的获得感和满意度得到了明显提升。

（2）促进行业流程再造和多跨协同。建立了家政服务行业数字化改革一系列的行业标准。用户通过“享家政”订购服务时，可以实现可视化、点单式、平台智能推荐。通过多跨协同、流程再造，衢州重塑了业务模式，占领了家政服务行业数字化高地，为家政服务行业数字化改革提供了可复制的“衢州模式”。

（3）提升政府服务与治理能力。企业回传数据给政府，为政府决策提供有力依据。“享家政”的架构图是依托城市大脑，实现数据共享、信息交互。它接入公安的从业人员身份信息、人社的培训、技能、社保等信息，以及商务的安心码、营商办的信安分，用于业务流程中。“享家政”产生的订单交易数据可回流各部门。数据的回传交互，可为政府在未来社区建设、数字产业发展等方面提供数据支撑。

（4）助推共同富裕。通过建设家政产业全链条，衢州政府充分发挥浙江省家政服务人才培训联盟和各地职业技术学院等家政培训学校机构的作用，吸纳剩余劳动力培训再就业，促进家政服务行业提质扩容，助力实现共同富裕。

三、“惠享理赔”应用

浙江省《发展建设共同富裕示范区实施方案》指出，要积极发展商业健康保险，推进社保制度精准化结构性改革。宁波市积极推动基本社会保障统筹提标和加大商业保险创新力度，通过健康保险与医疗信息“无缝对接”，实现数据“一网通”集成、保险“一站式”服务、百姓理赔“一次性”办结，引领健康生态产业链和数字平台经济发展。

1. 主要做法

打通卫健、医保等政府端和保险公司、医疗机构等政企数据，建立跨部门、跨领域、跨区域数据联通交换新模式。一是建设在线理赔。老百姓进行线上报案，无须提交资料，只要授权健康险平台，就可完成保险理赔。二是实施智能风控。智能风控可即时识别高风险客户，基于不同险种其关注点不同。智能风控引擎全面助力寿险、医疗险、重疾险、意外险的风险管控。三是实施零感知理赔。优化理赔程序，提供基于区块链的“零感知理赔”服务，实现就医与理赔同步进行，实现零感知、零跑腿、零等待。四是快速理赔。群众通过授权健康险平台实现医院相关卫生医疗数据共享到商业保险机构，实现了保险理赔“一次不用跑、一地不用跑”，理赔时间也缩短了。五是推出在线调查。保险公司可直接通过平台实现保险调查，对于重大案件的赔付，参保人员无须反复补充相关材料，有效缩短了参保人员获得理赔款的时间。六是创新区块链监控。利用区块链不可篡改的特性和加密功能，可实现全流程监控个人医疗数据获取和使用，可重点防范数据安全风险、骗保风险和骗赔风险。

2. 初步成效

“惠享理赔”关注共同富裕、医疗保障等需求，实现“多、快、好、省”四大成效：一是保险服务多。已推出甬惠保、工惠保、天一甬宁保等众多保险产品。二是理赔速度快。群众无须现场提交资料，实现理赔跑零次，一般理赔 2—3 天到账，无纸化快赔 1 小时内到账，零感知理赔 10 秒内到账。三是风险控制好。利用区块链技术，开展理赔调查、核保风控、案件核实等服务，使得医疗信息调查成本下降 90%。四是为群众省钱。建立低保费、高保障、广覆盖的商业保险体系，降低群众医疗费用支出，吸引社会资金参与健康保险，有力保障共同富裕。

第四节　探索启示

一、聚焦“人民至上”

数字社会系统和老百姓的生活息息相关，旨在为群众提供全链条、全周期的多样、均等、便捷的社会服务。过去两年，我们紧盯老百姓高频需求，打造了“关键小事”、浙医互认等一系列广受老百姓好评的重大应用。接下来，数字社会场景的建设还是要围绕高频高获得感需求，聚焦解决社会服务供需不对称、公共服务不均等，以及老弱等特殊群体，山区县和海岛等特殊区域的数字鸿沟问题，实现社会服务共享化、基本公共服务均等化、低收入群体同步基本实现现代化。

二、强化“实战实效”

经过两年多的探索与实践，数字社会系统已经体系化地推进了一大批重大应用的建设。在接下来的工作中，我们要坚持把着力点放在急用先行、实战实效上，把握服务的痛点、治理的难点和改革的突破点，在数字化全面贯通、综合集成、建章立制上下更大功夫，提升迈向现代化的手段、方法和能力。

三、突出“蹄疾步稳”

改革只有进行时，没有完成时。数字社会系统建设更是一项需要久久为功的系统工程，务必要以常态化方式推进，迈小步不停步走稳步走快步，围绕数字社会系统架构，不断丰富拓展场景应用。

四、注重“共建共享”

数字社会建设需要政府的引导，也要发挥市场的积极性。数字社会共建共享需要构建重塑政府、社会、企业、个人等四方参与机制，完善数字社会系统生态，提升老百姓对数字社会的获得感和满意度。

第五节　打造“15 分钟公共服务圈”的探索实践

一、研究背景和意义

（一）研究背景

（1）党中央国务院有要求。党的二十大提出“健全基本公共服务体系，提高公共服务水平，增强均衡性和可及性，扎实推进共同富裕”。“统筹乡村基础设施和公共服务布局，建设宜居宜业和美乡村”。国家《“十四五”公共服务规划》提出，到 2025 年基本公共服务均等化水平明显提高，“地区、城乡、人群间的基本公共服务供给差距明显缩小，实现均等享有、便利可及”。浙江高质量发展建设共同富裕示范区提出“缩小城乡区域发展差距，实现公共服务优质共享”，率先实现基本公共服务均等化；推进城乡区域基本公共服务更加普惠均等可及。对浙江省公共服务设施布局开展研究，是落实党中央国务院要求，奋力推动浙江省“两个先行”目标的必然要求。

（2）浙江省委省政府有部署。浙江省第十五次党代会提出，要着力开创民生优享的社会发展新局面。全面提升社会建设战略地位，大力推进公共服务优质共享，高水平实现基本公共服务均等化，到 2027 年基本建成“15 分钟公共服务圈”。省政府提出公共服务“七优享”工程建设。坚持“普惠、均等、可及”理念，确保“七优享”工程和十方面民生实事在正确轨道上运行。量力而行、尽力而为，把群众呼声高的普惠性非基本公共服务纳入基本公共服务发展范围，创新建立以“浙里公共服务在线”优化公共服务资源配置体制机制，补齐山区海岛县和农村公共服务短板，全面建成全省“15分钟公共服务圈”。对公共服务设施布局开展研究，是落实浙江省委省政府部署的必然要求。

（3）群众有需求。共同富裕示范区建设以来，浙江省基本公共服务标准化水平走在国内前列，公共服务供给能力全面提升。然而，目前浙江省公共服务设施还存在地区、领域、人群不均衡等短板问题，服务质量、服务水平与群众期待还有一定差距。当前，我国社会主要矛盾转化为人民日益增长的美好生活需要同不平衡不充分发展之间的矛盾，人民所需的内涵和维度发生了改变。新时代社会主要矛盾下人民群众对美好生活的需要折射到公共服务领域，体现在对公共服务需求的多样化、层次化和品质化，对公共服务均等化目标的实现也将有着更强烈的期待。对浙江省公共服务设施布局开展研究，是回应人民群众需求的必然要求。

（二）研究意义

（1）公共服务设施布局优化是实现“以人为本”共同富裕的应有之义。共同富裕是人民群众的共同期盼，人民群众的满意度是检验共同富裕建设成效的关键衡量尺度。公共服务关乎人民群众最关心最直接最现实的利益问题，优化公共服务设施布局、提升公共服务供给质量，是坚持人民主体地位、贯彻“一切为了人民、一切依靠人民”的重要体现。

（2）公共服务设施布局优化是构建现代化公共服务体系的重要支撑。优化公共服务设施布局有助于提升基本公共服务保障能力，扩大普惠性公共服务供给，从而支撑浙江省基本公共服务设施均等普惠，优质公共服务设施提档升级，高品质多样化生活服务蓬勃发展，增强人民群众的获得感、幸福感和安全感。

（3）公共服务设施布局优化是完善城市功能、支撑人口发展、改善民生服务的重要保障。公共服务设施是公共服务的空间载体，是保障社会公平、稳定发展的重要基础。统筹考虑人口分布、公共服务供给与城市发展空间的有机匹配，优化公共服务设施布局，扩大服务范围，有助于缩小城乡差距，实现公共服务目标人群全覆盖、服务全达标、投入全保障。

（4）公共服务设施布局优化是满足人民群众对美好生活向往的有效途径。随着经济发展水平和群众需求层次的不断提升，目前的公共服务供给与群众所需所盼尚不匹配。优化公共服务设施布局，构建覆盖全人群、全生命周期的高质量现代化公共服务体系，是改善民生福祉、提升群众幸福感的重要途径。

二、现状和问题

（一）对标分析

社会发展情况对比。围绕可获得、可比较的 13 项公共服务指标，与全国及沿海“四省一市”进行横向对比找短板（表 4–1）。低于全国水平的，有小学阶段生师比、社区（行政村）配备劳动就业和社保工作人口覆盖率（%）、每千人医疗卫生机构床位数（张）等 3 个指标。在沿海“四省一市”中排位相对靠后的，除上述 3 个指标外，还有初中阶段生师比、人均体育场地面积等 2 个指标。

表 4–1　2021 年全国及部分省份（市）的社会发展重点指标对比

序号	指标名称	全国	浙江省	广东省	江苏省	山东省	上海市
	常住人口数量（千万人）	141260	6540	12684	8505	10170	2489
1	每千人口拥有 3 岁以下婴幼儿托位数（个）	1.8	2.65（1）	2	2.6	2.42	1.9
2	普惠性幼儿园覆盖率（%）	87.8	91（1）	85.7	88.4	85.5	88.7
3	小学阶段生师比（学生 =1）	0.061	0.060（3）	0.055	0.061	0.062	0.071
4	初中阶段生师比（学生 =1）	0.079	0.082（3）	0.073	0.084	0.081	0.093
5	技工学校生师比（学生 =1）	0.052	0.067（1）	0.040	0.058	0.059	—

续表

序号	指标名称	全国	浙江省	广东省	江苏省	山东省	上海市
6	公共就业和人才交流服务机构数（个）	4828	180（2）	241	147	164	33
7	社区（行政村）配备劳动就业和社保工作人口覆盖率（%）	86.3	83（4）	94.4	98.3	82.7	94.8
8	每千人医疗卫生机构床位数（张）	6.7	5.66（4）	4.64	6.45	6.63	6.44
9	每千人口拥有执业（助理）医师数（人）	3.04	3.56（1）	2.52	3.21	3.37	3.38
10	每万人拥有公共图书馆建筑面积（平方米）	135.5	238.9（1）	138.7	191	119.5	177.9
11	人均体育场地面积（平方米）	2.41	2.55（3）	2.54	3.36	2.58	2.44
12	每千人老年人口养老床位数（张）	30.5	33.4（2）	28.3	39.3	30.2	28.7
13	养老机构护理床位占比（%）	51.4	60.9（2）	59.9	75.8	52	42.1

注：1.“( )”表示浙江省指标在“四省一市”中排名；2.“—”表示无统计数据；3.数字下加“_”，表示浙江省低于全国水平。

（二）公共服务设施布局创新做法

为推动公共服务均衡共享，上海、深圳、南京、苏州等地分别出台优化公共服务设施布局的创新做法（表4–2）。

表 4-2 公共服务设施布局创新做法

序号	地方	主要做法
1	上海	《上海市基本公共服务“十四五”规划》提出，要进一步促进基本公共服务标准化、均等化；要推进基本公共服务延伸覆盖，健全家门口服务体系，鼓励各区因地制宜深化 15 分钟社区生活圈规划建设标准。浦东试点：制定《浦东新区基本公共服务“15 分钟服务圈”资源配置标准体系》，创新构建了系统完善、层次分明的“1+6”标准体系架构。“1”是基础标准体系，明确了标准化工作的基本要求；“6”是应用标准体系，包括“15 分钟社区生活圈”建设的六项重点工作，按工作逻辑关系形成闭环
2	深圳	2023 年深圳市政府工作报告明确，打造 3 个“15 分钟”生活圈，包括“15 分钟健身圈”“15 分钟社康圈”“15 分钟养老服务圈”。深圳市出台《深圳市养老服务设施布局专项规划（2021—2035 年）》，形成“一街道一长者服务中心”“一老龄化社区一长者服务站”的养老设施网络
3	南京	南京市发布的《南京市 15 分钟社区生活圈规划导则》指出，要明确社区生活圈要素标准、引导社区生活圈空间布局、指导社区生活圈要素建设、完善社区生活圈营建机制
4	苏州	苏州 11 个部门印发《城市一刻钟便民生活圈建设指南》

（三）存在的问题

（1）公共服务设施概念标准和底数现状不清晰。公共服务设施是公共服务的空间载体，指由政府直接或间接为公众提供并为所有人共享的设施，具有公共物品的属性。目前，浙江省各地已将公共服务纳入当地规划纲要、政府年度工作、民生实事等予以落实保障，制定了各地教育事业、卫生健康、残疾人事业、妇女儿童、住房保障等专项规划。但在更精细化的管理上，仍存在设施底数现状不清等问题，主要原因：一是统计口径不一致。由于国家、地方等标准和规范对公共服务设施的概念和界定有所区别，导致公共服务设施统计口径不一致。二是存量设施管理层级不同。部分医院、学校等公共服务设施管辖权并非当地政府，有的属于市级，有的属于省级，地方较难统计设施详细情况。如浙江省人民医院、浙江省肿瘤医院、浙江省立同德医院等虽然坐落在杭州市，但是管理权却在浙江省卫生健康委。在统计床位数、医师数等服务能力上，地方存在一定难度。三是设施更新情况掌握不及时。公共服务设施在城市发展发展过程中的撤销、合并、搬迁等更新情况不能及时掌握。

（2）公共服务设施布局与现有城市发展不匹配。一是公共服务设施供给不充分，满足高品质需求的空间功能有待提升。根据浙江省国土空间规划前期调查，浙江省优质教育、医疗、养老、文化供给不足。二是地区间公共服务设施布局配置不均衡。由于自然、区位条件和社会经济基础的差异，城市社会经济水平和发展阶段的不同，城市与城市之间、城市和乡村之间的设施配置存在空间不均衡的现象，尤其是山区 26 县、海岛县、农村地区以及生态环境保护区等地。

（3）公共服务设施供给跟不上群众现实需求变化。一是群众差异化诉求。长期以来，公共服务设施项目建设一直沿用的是“分级配置”“千人指标”“服务半径”等方法，其存在的合理性主要在于社区中居民的需求诉求没有明显的差异。但随着生活水平的提高，人民对公共服务的差异化诉求无法得到满足。以嵊泗为例，根据嵊泗公共服务调查问卷显示，不同年龄、不同性别人群对公共服务诉求也有较大差异，20周岁以下的居民普遍对博物馆、青少年宫等文化设施较为关注，65周岁以上的居民普遍对老年活动中心、福利机构和医疗设施较关注；男性普遍对体育馆、游泳馆等健身场所较为关注，女性普遍对托育、文化等设施较为关注。二是地区存在差异性。现行公共服务配置标准较少区分增量地区、存量地区、历史保护区等不同类型地区的人口特点、设施需求和设施现状等差异，导致城市核心区、老城区等人口集聚程度较高的片区公共资源过度集聚，而新区和设施薄弱的地区存在设施有缺口的隐患。

（4）公共服务设施功能跟不上社会形势发展。一是设施共建共享不够。传统公共服务设施建设强调独立占地，忽略了设施系统间的协调共生，容易造成资源的浪费和重复建设，导致利用率不高。例如，医疗和养老设施、文化与体育设施之间存在共性，但现行的设施配置模式忽视了公共服务设施间综合设置的可能，不利于高效复合、共赢共享的设施圈构建，尤其是在老城、旧城等土地制约较大的地区。二是设施平急两用考虑少。传统模式的大型公共服务设施，投资大、使用周期长，仅能在平时使用中发挥一定效能，战时无法发挥作用，资源利用不集约，一旦遇到应急情况，就可能出现效能下降等情况。因此，在建设筹划时必须做到通盘考虑，使之产生最大效益，例如考虑体育场馆、会展中心与方舱医院、紧急避难场所等相结合。

（5）公共服务设施重建设轻运营。一是资金压力大。公共服务设施一般由政府直接或间接为公众提供并为所有人共享的设施，以公益性质为主，具有公共物品的属性，普遍存在建设成本高、回报低、运营难等问题。例如，2022 年浙江省审批的 49 个新建体育设施，总投资 399.1 亿元，平均投资 8.2 亿元，其中嘉兴市奥林匹克体育中心项目总投资 63.7 亿元，投资强度 750 万元 / 亩。二是后续运营难。以嘉兴社区运动家为例，一方面运营成本较高，每个运动家运营成本每年需 80 万元；另一方面全市域公共体育服务场地运营公开招标居多，运营主体不一致，可能带来运营标准不一致和监管难等问题。三是服务力量弱，质量待提升。从城市和乡村的设施服务对比看，浙江省多数县城中小学教育的设施配套与市级的存在较大差距。县城中小学的服务范围不仅包括城区，还包括县域乃至周边县市的适龄学生，教育设施配套的压力远大于城市。县城的医疗卫生机构已经基本健全，但是仍然存在就医环境差、公共卫生服务能力不强等问题。

三、研究进展

1. 建立公共服务设施标准，形成均衡可及优质评价模型

（1）研究明确“15 分钟公共服务圈”定义。发布《浙江省“15

分钟公共服务圈”建设方案（1.0版）》，并明确“15分钟公共服务圈”定义：以人民群众为服务对象、村（居）委会为圆心的“15分钟”服务圈。该公共服务圈旨在通过多公共服务设施集聚，满足群众日常托育、教育、卫生、就业、文化、体育、养老、助残等公共服务需求，提升均衡可及优质水平的公共服务。其中：“15分钟”原则上指城区15分钟步行可达，乡村15分钟骑行可达，偏远山区或海岛15分钟车行可达。

（2）探索形成了公共服务设施标准。全面梳理国家关于各类服务设施的标准，创新编制《浙江省基本公共服务设施与资源管理规范（1.0版）》，形成了“托育、教育、卫生、就业、文化、体育、养老、助残”8大领域32小类的公共服务资源类型和能力指标规范，为摸清全省公共服务设施一本账打下了扎实基础（表4–3）。

表4–3 公共服务资源类型和能力指标

序号	资源大类	资源小类	基础指标（平方米）	能力指标
1	托育（t）	托育机构	面积	托位数、保育员数
2		幼儿园托班	面积	托位数、保育员数
3		婴幼儿照护服务驿站	面积	设施设备数、服务人次
4		医防护儿童健康管理中心	面积	专业人员数、服务人次
5		公共场所母婴室	面积	星级（一到五星）
6	教育（j）	幼儿园	面积	学位数、幼师数
7		小学	面积	学位数、教师数
8		初中	面积	学位数、教师数

续表

序号	资源大类	资源小类	基础指标（平方米）	能力指标
9	卫生（w）	医院	面积	床位数、医师数、护士数
10		社区卫生服务中心（乡镇卫生院）	面积	医师数、护士数
11		社区卫生服务站（村卫生室）	面积	医师数、护士数
12		门诊部（诊所）	面积	医师数、护士数
13		急救站（点）	面积	医师数、护士数、急救车辆
14	就业（r）	就业（创业）服务中心、职业介绍所、就业资源市场	面积	工作人员数
15		技师学院、技工学校	面积	学位数、教师数
16	文化（h）	公共图书馆（含分馆）	面积	藏书量
17		公共文化设施［含博物馆、美术馆、纪念馆、非遗馆、文化馆（站）、档案馆、少年宫、工人文化宫、城市书房、文化驿站等］	面积	日最大接待人数
18		镇（街）综合文化站	面积	日最大接待人数
19		城市社区文化家园	面积	日最大接待人数
20		农村文化礼堂	面积	日最大接待人数
21		村（社）文化活动室	面积	日最大接待人数
22	体育（s）	体育场馆（含体育场、体育馆、体育场地、全民健身中心、游泳馆等）	面积	日最大接待人数
23		百姓健身房	面积	日最大接待人数
24		健身路径（含健身苑点）	面积	器材数
25		体育公园	面积	日最大接待人数
26		健身步道	面积	长度

续表

序号	资源大类	资源小类	基础指标（平方米）	能力指标
27	养老（y）	养老机构	面积	床位数、护理型床位数、护理员人数、持证护理员人数
28		镇（街）居家养老服务中心	面积	床位数
29		村（社）居家养老日间照料中心	面积	床位数
30	助残（z）	残疾人之家	面积	星级（一到五星）
31		残疾人专业托养机构	面积	床位数
32		残疾人康复机构	面积	床位数

（3）构建了“15 分钟公共服务圈”均衡可及优质综合指数。创新明确“15 分钟可达”的基本概念，即城区 15 分钟步行可达，乡村 15 分钟骑行可达，偏远山区或海岛 15 分钟车行可达。研究建立 15分钟公共服务圈的均衡可及优质评价指标体系，其中：均衡指数，用于衡量各地公共服务设施和人口结构的供需匹配度；可及指数，用于衡量居民能在 15 分钟内到达附近公共服务设施的便利程度；优质指数，用于衡量公共服务设施资源提供公共服务的水平和能力。

2. 摸清人口和公共服务设施“两本账”，形成全省“一张图”

（1）人口“一本账”。创新融合政府掌握的公安户籍人口、流动人口数据与手机移动信令等市场数据，开展全省人口的综合分析和逻辑验证，初步形成“省—市—县—镇（街）—村（社）”五级的人口测算方法，摸清浙江省常住人口底数和分布的人口“一本账”同时，摸清不同公共服务设施与其特定的服务对象，用以提升公共服务供给分析的精准性（表 4–4）。

表 4–4　浙江省公共服务分领域服务群体情况表

序号	领域	服务群体（常住人口）	群体数量（万人）	人口占比（%）
1	托育	0—3 岁	146.3	2.22
2	教育	4—15 岁	752.94	11.45
3	就业	16—59 岁	4383.47	66.65
4	养老	60 岁以上	1294.2	19.68
5	助残	持证残疾人	138.7	2.11
6	文化	3 岁以上	6430.6	97.78
7	体育			
8	卫生	全年龄段	6576.9	100

（2）公共服务设施“一本账”。通过省、市、县、镇（街）、村（社）五级协同联动，开展资源标准维护、资源清单维护、资源能力维护、资源空间治理，依托省域空间治理平台和社会治理要素统一地址库，摸清全省常住人口和公共服务设施资源多维数据，摸清全省设施“一本账”，经标准化处理后进行空间落图管理，构建全省设施“一张图”。

①分地区情况。从设施数量看，截至 2023 年 9 月底，浙江省共

归集了 8 大类 32 小类的 14.66 万个公共服务设施，全省人均设施数为 22.29 个 / 万人，宁波市的设施总数最多，有 2.2 万个，丽水市的人均设施数量最多，有 37.5 个 / 万人。从设施密度看，公共服务设施多集中于城区。

②分领域看。从人均数量看，托育的人均设施数量最多，达 59.7 个 / 万人。从设施密度看，卫生和体育设施密度的分布相对平均，就业设施密度分布相对集中（表 4–5）。

表 4–5 全省公共服务设施分领域情况表

序号	领域	服务群体（常住人口）	设施数量（个）	设施占比（%）	每万人享有设施（个 / 万人）
1	托育	0—3 岁	8734	5.96	59.70
2	教育	4—15 岁	14639	9.98	19.44
3	就业	16—59 岁	2820	1.92	0.64
4	养老	60 岁以上	25382	17.31	19.61
5	助残	持证残疾人	2048	1.40	14.77
6	文化	3 岁以上	29018	19.79	4.51
7	体育		41969	28.62	6.53
8	卫生	全年龄段	23401	15.96	3.56
合计			146639	—	22.3

3. 形成“15 分钟公共服务圈”评价标准，建立评价体系

（1）均衡可及优质的评价标准。基于各地公共服务设施和服务

能力的供需匹配均衡性、公共服务设施空间布局合理性以及优质公共服务的提供情况，体现“15 分钟公共服务圈”均衡、可及、优质三个维度水平的综合评估指数，形成“15 分钟公共服务圈”均衡可及优质综合指数，其中包括均衡子指数、可及子指数和优质子指数。均衡子指数主要衡量各地公共服务设施和人口结构的供需匹配度；可及子指数用于衡量居民能在 15 分钟内到达附近公共服务设施的便利程度；优质子指数则用于衡量公共服务设施资源提供公共服务的水平和能力。

（2）均衡可及优质的指标体系。基于各地公共服务设施和服务能力的供需匹配均衡性、公共服务设施空间布局合理性以及优质公共服务的提供情况，围绕“15 分钟公共服务圈”均衡、可及、优质三个维度，坚持评估指标操作性强、评估对象最小化、评估数据可获取等原则，统筹考虑指标的可得性、代表性以及与基本公共服务关联性，综合选择指标（表 4–6）。

表 4–6 “15 分钟公共服务圈”评估指标（1.0 版）

序号	一级	二级	三级	适用评估最小层级
1	供需均衡情况	托育供需均衡情况	每千名 0—3 岁婴幼儿拥有的托位数量（个）	县（市、区）
2			每个托班配备的托育服务人员数（人）	县（市、区）
3			每个托位对应的建筑面积（平方米）	县（市、区）

续表

序号	一级	二级	三级	适用评估最小层级
4	供需均衡情况	教育供需均衡情况	每名适龄儿童（4—6 岁）拥有普惠性幼儿园学位数（个）	县（市、区）
5			每名适龄小学生（7—12 岁）拥有的公办小学学位数量（个）	县（市、区）
6			每名适龄初中生（13—15 岁）拥有的公办初中学位数量（个）	县（市、区）
7			社区学校工作者占常住人口比重（%）	县（市、区）
8			义务教育阶段（7—15 岁）适龄学生拥有的教师数量（人）	县（市、区）
9		卫生供需均衡情况	每千名常住人口拥有的执业（助理）医师数（人）	县（市、区）
10			每千名常住人口拥有的医疗卫生机构床位数（张）	县（市、区）
11		就业供需均衡情况	每万名 16—60 岁劳动年龄人口拥有的就业设施数量（个）	县（市、区）
12			每万名 16—60 岁劳动年龄人口拥有的就业服务人员数（人）	县（市、区）
13		文化供需均衡情况	每万名常住人口拥有的文化设施数量（个）	县（市、区）
14			每万人拥有公共文化设施面积（平方米）	县（市、区）
15		体育供需均衡情况	每万名常住人口拥有的体育设施数量（个）	县（市、区）
16			人均体育场地面积（平方米）	县（市、区）

续表

序号	一级	二级	三级	适用评估最小层级
17	供需均衡情况	养老供需均衡情况	每万名 60 岁以上老人拥有持证养老护理员人数（人）	县（市、区）
18			每千名 60 岁以上老人拥有的医疗机构康复护理床位数量（张）	县（市、区）
19		助残供需均衡情况	每万名持证残疾人拥有的助残设施数量（个）	县（市、区）
20			是否配建公益性的残疾人专业托养机构	县（市、区）
21	设施可及情况	托育设施可及情况	居民身边托育服务设施 15 分钟覆盖率（%）	村（社）
22		教育设施可及情况	居民身边教育服务设施 15 分钟覆盖率（%）	村（社）
23		卫生设施可及情况	居民身边卫生服务设施 15 分钟覆盖率（%）	村（社）
24			是否有流动医疗设施服务	县（市、区）
25		就业设施可及情况	居民身边就业服务设施 15 分钟覆盖率（%）	村（社）
26		文化设施可及情况	居民身边文化服务设施 15 分钟覆盖率（%）	村（社）
27			乡镇（街道）综合文化站配建率（%）	镇（街）
28			农村文化礼堂（含社区文化家园）配建率（%）	村（社）
29		体育设施可及情况	居民身边体育服务设施 15 分钟覆盖率（%）	村（社）
30		养老设施可及情况	居民身边养老服务设施 15 分钟覆盖率（%）	村（社）
31			镇（街）居家养老服务中心配建率（%）	镇（街）
32			村（社）居家养老照料中心配建率 (%)	村（社）

续表

序号	一级	二级	三级	适用评估最小层级
33	设施可及情况	助残设施可及情况	居民身边助残服务设施 15 分钟覆盖率（%）	镇（街）
34	服务优质水平	托育服务优质水平	是否配建医防护儿童健康管理中心	县（市、区）
35			五星级母婴室数量占当地母婴室总量的比例（%）	县（市、区）
36			托育领域公共服务群众满意度（%）	县（市、区）
37		教育服务优质水平	幼儿园现代化学校占比（%）	县（市、区）
38			小学现代化学校占比（%）	县（市、区）
39			初中现代化学校占比（%）	县（市、区）
40			是否通过全国义务教育优质均衡发展县省级评估	县（市、区）
41			教育领域公共服务群众满意度（%）	县（市、区）
42		卫生服务优质水平	三级（含）以上医院数量占医院总数的比例（%）	县（市、区）
43			县域就诊率（%）	县（市、区）
44			卫生领域公共服务群众满意度（%）	县（市、区）
45		就业服务优质水平	技能人才占比就业人员比重（%）	县（市、区）
46			社区（村）专职就业服务工作人员占工作人员总数的比例（%）	县（市、区）
47			就业领域公共服务群众满意度（%）	县（市、区）
48		文化服务优质水平	一级公共图书馆、文化馆数量占公共图书馆、文化馆总数的比例（%）	县（市、区）
49			县级公共文化机构高级职称人数占在编工作人员总数的比例（%）	县（市、区）
50			年人均接受文化场馆服务次数（次/人）	县（市、区）

续表

<table>
<tr><th>序号</th><th>一级</th><th>二级</th><th>三级</th><th>适用评估最小层级</th></tr>
<tr><td>51</td><td rowspan="7">服务优质水平</td><td>体育服务优质水平</td><td>是否配建一场两馆（体育场、体育馆、游泳馆）</td><td>县（市、区）</td></tr>
<tr><td>52</td><td rowspan="4">养老服务优质水平</td><td>三星级（含）以上养老机构占养老机构总数的比例（%）</td><td>县（市、区）</td></tr>
<tr><td>53</td><td>老年助餐配送餐服务村（社）覆盖率（%）</td><td>村（社）</td></tr>
<tr><td>54</td><td>养老机构护理型床位占比（%）</td><td>县（市、区）</td></tr>
<tr><td>55</td><td>养老领域公共服务群众满意度（%）</td><td>县（市、区）</td></tr>
<tr><td>56</td><td rowspan="2">助残服务优质水平</td><td>三星级（含）以上残疾人之家占残疾人之家总数的比例（%）</td><td>县（市、区）</td></tr>
<tr><td>57</td><td>助残领域公共服务群众满意度（%）</td><td>县（市、区）</td></tr>
</table>

（3）均衡可及优质综合指数计算方法。公共服务资源均衡可及优质综合指数按权重组合相加计算得出，3 个子指数的权重分别为 35%、35%、30%。3 个子指数分别由 8 个领域情况根据公式拟合计算得出；8 个领域的得分由各个领域所包含的三级指标经过计算公式拟合得到（图 4–1）。

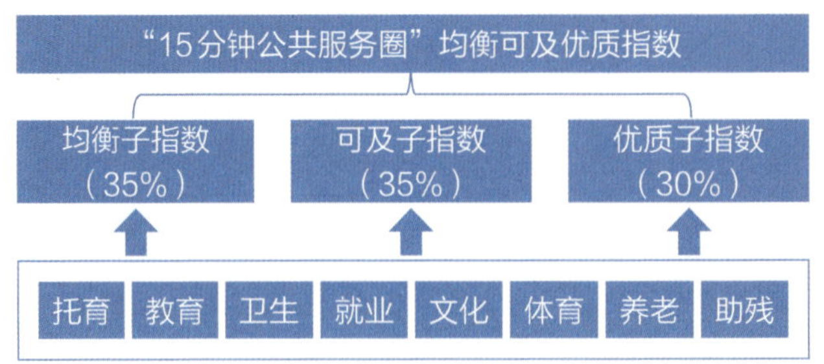

图 4–1 "15 分钟公共服务圈"均衡可及优质指数计算逻辑

4. 形成省市县“15 分钟公共服务圈”布局评估结果

（1）分领域情况。从综合情况看，文化、教育和卫生方面均衡可及优质程度相对较高；从均衡情况看，文化、教育和托育方面均衡程度相对较高；从可及情况看，养老、体育和卫生方面可及程度相对较高；从优质情况看，文化、教育和养老体育方面可及程度相对较高。

（2）分地区情况。11 个设区市中，嘉兴市、杭州市和宁波市 3 个地方高于其他设区市。90 个县市区中，杭州上城区、杭州拱墅区、宁波海曙区均衡可及优质程度较高。

5. 形成一批地方探索实践

（1）富阳区。全面摸清全区 8 大类 2164 个公共服务设施，根据浙江省“15 分钟公共服务圈”算法开展综合评价，试点镇街根据评估结果与实际情况相结合，综合考虑补缺设施和柔性服务，形成“一镇街一方案”，并逐一销号。按此路径，银湖街道发现养老、教育等领域存在设施短板，在相应区块完成补缺公共服务设施 20 项。针对体育设施缺乏、群众需求量大，综合考虑人群结构，经过空间梳理、多方协调，最终利用大盘山隧道重大交通项目和大桥拼宽的“金角银边”区域，打造全区首个嵌入式门球场，日均使用人数在 40 人左右。

（2）义乌市。聚焦人口特点与公共设施需求，分级分类补齐公共服务设施短板。一方面从外来人口流入多、公共服务设施需求量较大的镇（街）入手，确定江东街道、北苑街道、稠江街道，围绕公共服务设施的“补短板”，创新退出提出“一镇一策”模式，重点保障公共服务设施配置。另一方面围绕人口结构“年轻化”的特点，15—59岁人口占75.88%，高于全省比重8.02个百分点，在托育、教育、卫生三大领域，对应提升这三大领域配置优先级，以满足重点人群的需求。明确教育领域2023年度工作目标，建成投用中小学、幼儿园15所，新增学位8000个。

（3）海盐县。体育、卫生领域存在明显短板，通过与公共服务“七优享”工程重大项目比对分析，海盐县布局新建海盐县康体活动中心（全民健身中心）、海盐县人民医院迁建工程等重大项目，这将有力推进海盐县公共服务设施的布局优化和服务水平提升。

（4）海宁市。针对基层卫生服务站硬件较差、服务能力不强的问题，海宁市全面启动星级智慧化社区服务站改造提升工程，该工程同步列入市委书记一把手挂帅“金钥匙”项目和年度民生实事。海宁市投入1863万元，对全市49家社区卫生服务站改造，同步开展新一轮星级智慧化社区卫生服务站评审。累计命名五星级、四星级站各18家，三星级站100家，实现省级规范化和三星级以上智慧化社区卫生服务站全覆盖，基层卫生健康网底进一步夯实，基层卫生服务能力在全省领先。

四、思考与建议

1. 加强国土空间规划和公共服务专项规划的有机匹配

一是围绕人口关键变量，把握人口结构持续变迁、老龄化程度进一步加深、家庭结构小型化趋势明显以及人员流动更加频繁等人口发展趋势和变化规律，建立国土空间规划和公共服务专题规划的有机匹配，科学统筹推进公共服务设施的优化布局。二是围绕多层次多样化公共服务需求，深化国土空间总体规划，落实社区生活圈建设、各类公共服务设施优化配置和打造儿童友好、老年人友好的社区等功能目标，盘活公共服务设施建设空间，加强公共管理与服务用地供给保障。三是围绕"缩小城乡差距"，以城镇圈为依托，促进交通可达范围内服务共享，推动城市公共服务、基础设施向农村延伸、辐射，缩小城乡基本公共服务差距，实现城乡公共服务设施资源统筹发展。

2. 加快形成公共服务设施服务水平能力提升的标准路径

一是"改造一批"，结合现代社区建设的标准，联动推进城镇老旧小区改造、社区综合服务设施无障碍建设和适老化改造，打造多功能、复合型、亲民化社区生活场景。二是"嵌入一批"，通过配置嵌入式体育场地、公共文化设施，流动医疗船、流动医疗车等公共服务资源，推动公共服务资源向乡村倾斜。三是"提升一批"，通过公共服务设施的"平急两用"的建设，有效补齐大城市应急能力建设短板，提升公共服务应急赋能能力。四是"转型一批"，结合各地的实际，在保证所有权不变的前提下，鼓励通过公建民营、民办公助等多种方式，推动一批国有房产的使用转型，向社会提供普惠公共服务。

3. 建立公共服务设施项目优化配置的新模式

一是以"15 分钟公共服务圈"均衡可及综合指数为基础，结合公共服务"七优享"工程建设，强化评价结果运用。二是结合投资平台 3.0，将评价结果运用到公共服务领域项目配置中，推动公共服务项目"谋划一批—开工一批—建设一批—投用一批"等"四个一批"项目的建设工作。三是围绕公共服务设施的布局优化和短板能力提升，建立形成公共服务设施配置"上级标准—群众需求—人口变量—空间布局"的新模式。

4. 建立"15 分钟公共服务圈"以评促改机制

一是围绕公共服务设施的均衡可及，联动浙江省自然资源厅的国土调查、交通路网等数据，迭代"15 分钟公共服务圈"算法模型。二是持续深化"15 分钟公共服务圈"的地区、领域、城乡等多维度评价分析，形成年度分析报告，下发指导各地公共服务设施优化配置。三是持续坚持“问需于民”，抓好群众对公共服务设施配置的闭环反馈，切实做到公共服务建设服务于民。

5. 强化公共服务设施运营

一是围绕托育、体育、养老等公共服务领域，培育支持一批公共服务运营市场主体品牌化、规模化发展，提升公共服务供给多样性。二是健全可持续运营模式。做好资金的统筹安排，结合城市更新、老旧小区改造等，推广“政府补贴一点、社区负担一点、企业让利一点、居民支付一点”模式。三是建立公共服务设施的运营和维护机制，不断提升公共服务设施的精准性。

第五章 数字社会的创新运营机制

可持续运营是数字社会系统建设的关键。数字社会建设是一项长期的、复杂的系统工程，不可能一蹴而就，必须蹄疾步稳、久久为功、积小成为大胜，一张蓝图绘到底。

第一节　推进机制

一、持续问需机制

坚持应用开发从问需中来，通过“恳谈会+未来社区数字社会大家谈+广泛征集地方需求”等形式，线上线下结合，持续问需于民、问需于基层、问需于企业。用好“V”型场景开发模式，抓好“三张清单”，根据高频需求谋划多跨场景应用。

1.“V”型场景应用开发模式

“V”型场景应用开发模式是指运用“V”模型持续迭代，开展部门核心业务梳理，完成标志性应用场景建设，将“业务协同模型和数据共享模型”的方法贯穿改革全过程。

（1）确定任务。聚焦数字社会建设任务目标，根据本部门主要职能，从最重要的核心业务入手，分析重大需求，找出数字社会改革的突破口和制度重塑关键点，形成核心业务的任务清单。

（2）任务分解。逐项对核心任务进行拆解，直至事项的最小颗粒度，做到目标明确、责任单位明确，工作边界清晰，任务可量化、可落地、可评估。拆解后的任务要明确牵头单位和协同单位。

（3）事项落地。针对每个最小颗粒度的任务事项，都要形成四个工作体系（指标体系、工作体系、政策体系、评价体系）。这些事项分两类落地：一类是省本级落地，直接由省级牵头部门实施；另一类是需拆解到下级政府，把事项分解下发到下级政府，由省市或省市县联动实施。

如图 5–1 所示，集成应用建设 V 字模型包括三部分工作。第一部分是任务分解，从任务定义开始，一直到确定数源系统；第二部

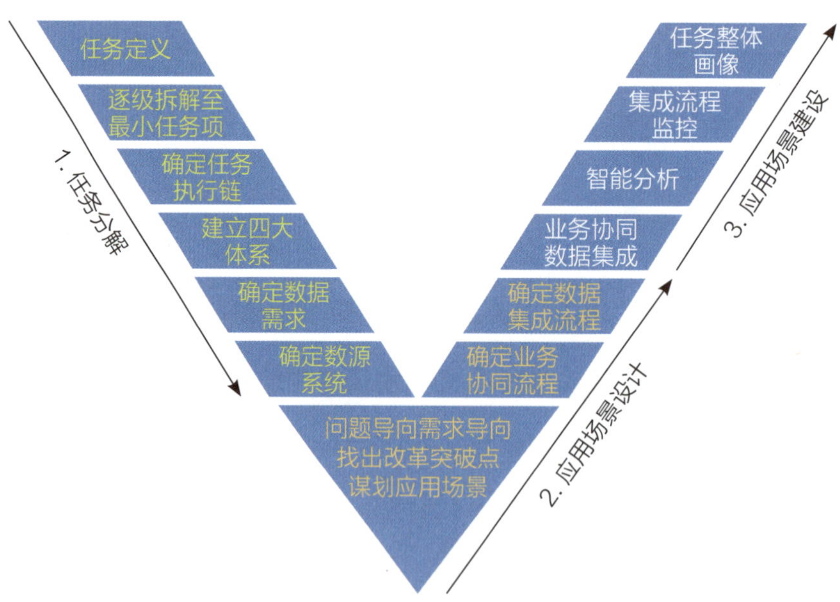

图 5–1　集成应用建设 V 字模型

分是应用场景设计，从最底部的谋划应用场景到确定数据集成流程；第三部分是右上方的应用场景建设。

2. 三张清单

三张清单是指重大需求、多跨场景、重大改革“三张清单”，是数字化改革的规定动作，是构建重大应用、推动制度重塑的逻辑主线；体系化规范化推进数字化改革，要以做实“三张清单”为抓手，从重大需求出发谋划多跨场景，再从场景应用构建中找到改革突破口，形成重大应用。

（1）开展需求分析，编制重大需求清单。多渠道采集需求：包括结合贯彻上级重大决策部署，征集企业、群众、智库、媒体意见，挖掘数字化应用、平台沉淀数据，广泛采集改革需求。随后，分类梳理重大需求：按照群众关注高频事项、企业共性需求，提升政治能力需求、治理能力需求、竞争力需求，防范化解重大风险隐患需求，分类梳理改革需求，同时，分析需求之间的关联性、耦合性。

（2）谋划应用场景，编制应用场景清单。构建基本架构：从满足需求出发，强化顶层设计和系统集成，研究提出重大应用的谋划思路和多跨场景基本架构，要求业务逻辑清晰、功能架构完整。提出小切口子场景：根据多跨场景基本架构，研究提出近期急用先建、可突破的子场景，并明确子场景应用开发的类型（增量开发、迭代升级、对接共享）。落实责任单位：根据任务和职责，明确提出重大应用及其子场景应用的省级责任单位。

（3）确定改革任务，编制重大改革清单。提出改革项目：围绕需求满足和多跨场景应用开发落地，以改革破题打破瓶颈为核心，找准切入口提出重大改革项目。确定改革任务：围绕改革项目，从法律法规突破、体制机制创新、政策制度供给、业务流程重塑、数据开放安全等方面研究提出具体改革任务。

二、路演比武机制

数字社会系统建设一年来，共开展 7 次线上线下路演比武。通过群众谈需求、部门谋改革、专家讲方法，根据《数字社会“最佳应用”评估指标体系》，从 79 个路演场景中选出 2 批数字社会“最佳应用”32 个，其中 8 个入围全省数字化改革最佳应用。

三、推广凝练机制

以“一地创新、全省共享”为目标，探索两条低成本快推广的贯通路径。第一条路径是：“基层创新—省级提炼—全省推广”。如省残联牵头的“浙里助残”应用，基于江山市残疾人服务数字化应用的实践，通过顶层设计，推动省市县三级应用通、功能通、数据通。第二条路径是：“省级设计—基层试点—全省推广”。如省发展改革委牵头的浙里基本公共服务应用，协同29个省级部门做好顶层设计，在杭州市、宁波市、衢州市以及富阳区、德清县试点上线完善后，再进行全省复制推广。

四、以评促改机制

建立门户和应用监测评价机制，将数字社会涉及的省级部门和11个设区市、90个县（市、区）都列为监测对象。下发《“浙里办”数字社会专区上架应用巡检标准》《数字社会系统多跨场景应用评价指标体系》《数字社会系统门户评价指标体系1.0版》（治理端+服务端）等文件，规范监测评价。每月组织技术力量，对数字社会门户、应用等开展巡检，从贯通情况、应用体验、访问量、用户好评率等维度开展评价，形成监测报告，及时将发现的问题反馈开发单位，倒逼各地加快整改，以评促改、以评促优。

五、协同联动机制

1. 建立数据高效共享机制

形成业务部门提需求、数源部门供数据、大数据局归数据的协同链条，有力支撑了应用高效开发。

2. 建立应用快速推广贯通机制

形成了省级谋划开发、市县承接推广、老百姓普及使用的格局，有力实现了应用的实用管用。

3. 建立协同改革创新的机制

形成了“牵头部门领改 + 协同部门齐改”的格局，有力支撑了重大应用的制度重塑和流程再造。

第二节　运营机制

数字社会系统建设是一个长期的过程，要长期、持续为群众提供高质量数字化服务，既需要一批高质量的应用，也需要有体制机制、技术力量支撑后续的运营任务，以保障数字社会系统的长期稳定性和可持续性。

一、政府主导，普惠全域

聚焦解决人民群众普惠共享的问题，由政府主导组建团队进行重大应用开发，开放给“浙里办”公众和“浙政钉”治理者应用。

这条路径不仅充分体现了前几年数字化转型和部门数字化改革的成果，更是现阶段数字化改革的主要路径。现在推广的“浙系列”应用，就是由省级部门开发、上架“浙里办”、全省贯通可用的普惠应用。如“学在浙江”应用，由省教育厅牵头开发，提供电子教育资源下载，考试在线报名，教育类公共场所查询、预约等服务，让全省群众无论身在何地只要登录“浙里办–学在浙江”，即可获取电子教育资源，在线报名参与考试，查询、预约少年宫活动等。

在“浙”系列开发中，以“一地创新、全省共享”为目标，数字社会探索提炼了两条低成本快推广的贯通路径。一条路径自下而上，充分尊重基层首创精神，由省级提炼，全省推广。如“浙里助残”应用，基于江山市残疾人服务数字化应用的实践，通过顶层设计，推动省市县三级应用通、功能通、数据通。一条路径自上而下，由省级层面做好顶层设计，由基层试点，全省推广。如浙里民生“关键小事智能速办”重大应用，由省发展改革委牵头，协同 15 个省级部门开展建设，出台规范指南，设区市层面做好承接。

二、政企协作，直达社区

聚焦解决数字化场景应用和群众获得感“最后一公里”问题，政府部门联合企业，将社会事业领域的服务和多跨协同服务开放给未来社区（乡村）智慧服务平台应用，为老百姓和社区治理者提供服务。这条路径充分体现了数字社会“城市大脑＋智慧空间”的核心场景。如“邻里帮”应用，由浙报数益科技（浙江）有限公司开发，上架未来社区智慧服务平台，免费共享给所有有需要的未来社区。该应用已在上城杨柳郡社区落地，为社区居民提供“志愿小站”、志愿地图、便民小屋、四点半课堂等服务，其中“志愿小站”已吸纳70多家商铺，提供20项高频便民服务。

政企协作关键是处理好政府主导的城市大脑和第三方力量参与推动的未来社区关系，加快推动城市大脑和社区智慧服务平台数据上相互打通、双向赋能。政府提供可开放的数据给社区服务，社区应用服务结果反馈城市大脑，促进社会治理能力提升。通过未来社区服务应用商城，各社区智慧服务平台可低成本、快复制获得各类应用与服务，推动“一社区创新，全社会共享”的目标实现。

三、市场参与，服务多元

美好数字社会建设离不开政府的引导，但政府不能“包打天下”，要积极发挥市场的积极性，让企业和社会能参与到数字社会系统建设，不断丰富应用场景，完善数字社会系统生态，提升老百姓对数字社会的获得感和满意度。在推进过程中，数字社会探索提炼了“政府主管＋国有企业控股建设运营”“政企共建＋企业运营”“政府赋能＋企业建设运营”等企业参与数字化改革的多种模式，更好发挥市场力量参与数字社会建设，形成可持续运营模式。

（1）“政府主管＋国有企业控股建设运营”模式。“政府主管＋国有企业控股建设运营”模式基本能保证政府在数字社会系统应用建设中的主导权。国有企业控股建设运营，相当于由国有企业来弥补政府在市场方面的人手、经验不足问题，同时由于国有企业的“公家”属性，能确保应用整体上更多地满足社会效益需要，适当地增加经济效益考量。这种模式适用于政府为满足更高层次的社会公共需求而提供的公共服务和产品。政府可通过购买服务等多种形式，依托国有企业引入市场机制，开发相关应用，保障后期运营，并积极借住市场力量不断完善服务体系。同时，政府通过制订市场化的考核办法，对运营机构的运营效果、任务目标完成情况进行考核，以激励运营机构提供更好的服务。如衢州市的“邻礼通”应用。该应用由业主单位衢州市大数据局委托衢报集团开展运营工作。通过合同约定宣传推广方式、推广量、用户的注册使用率、用户的活跃度等细化任务目标，衢报集团根据任务目标，策划开展线上线下推广活动，促进邻礼通快速推广。通过“由专业的人做专业的事”，将社区服务下沉至百姓掌上，打通邻里“最后一纳米”，让居民、街道社区管理员等应用使用者能快速融入，有效提升应用的运行效率。政府可以将更多精力投入加强基本公共服务能力建设中；运营公司可以通过政府购买服务获得一定收益，增强运营经验，进一步提升企业运营水平。

（2）“政企共建＋企业运营”模式。“政企共建＋企业运营”模式，可以由政府提出建设需求和目标，企业提供人才、技术等力量进行建设，之后的运营也由企业开展，政府支付服务费用；也可以是政府与国企或者市场主体合作成立合资公司建设应用，之后委托企业运营；还可以是政府将掌握的信息资源脱敏后提供给企业，由企业按照政府的建设目标开发应用，服务群众。对于健康、养老、文化、家政等生活服务，由于群众需求多样，适合采用政企共建 + 企业运营模式，政府负责方向把控和成效监管，企业负责提供更加灵活的服务。这种模式可有效解决政府部门运营中存在的管理团队不足、运营理念滞后、服务难以跟上群众需求等问题。然而，由于企业的参与程度更深，需要的投入也更多，因此“政企共建 + 企业运营”模式不能仅仅只考虑社会效益，要更多地考虑经济因素，适合有一定盈利可能的项目。例如，宁波市居民健康档案平台应用，通过与市场上的保险公司合作，将群众的挂号、检验、住院、发票等信息在脱敏后推送给保险公司，保险公司通过二次开发利用可实现高效理赔。

（3）“政府赋能 + 企业建设运营”模式。“政府赋能 + 企业建设运营”模式，是市场化程度最高的一种数字社会系统应用建设、运营模式。政府在其中起的作用主要是引导和监管，确保企业的行为是合法、合规的。这种模式通过数据共享、赋能企业，可有效解决政府数据资源闲置沉淀，有利于让企业和社会能更多地参与到数字社会系统建设中，不断丰富应用场景，完善数字社会系统生态，为群众提供更加放心、便捷、高效的社会服务，提升群众对数字社会的获得感和满意度。例如，宁波捷信公司通过采用高通量卫星通信技术，打造全覆盖的渔民通信服务保障场景，为渔民提供视频电话、影视、小说、咨询等通信娱乐服务，解决无法与陆地及附近船只取得实时联系、渔民生活枯燥、环境单一等问题，本项目获得国家海洋专项支持；宁波海上鲜信息技术有限公司基于北斗技术自主研发“海上 WiFi”通信终端，利用互联网模式搭建海鲜交易平台，进而促进海鲜交易中的信息流、物流和资金流协同发展，推动海产品线上交易，助力乡村渔港振兴，本项目获得宁波市战略性新兴产业专项支持。

第三节　管理机制

一、门户建设标准

数字社会系统基于不同用户对象的不同应用需求，分为服务端和治理端，分别以“浙里办”和“浙政钉”为统一入口登录。数字社会综合应用门户建设全省采用“一体化”架构，省级制定标准（统一用户、门户主要板块、页面布局、UI 风格等），各地市按需分建，以统一标准、统一风格对外提供服务、对内协助工作。

（一）服务端门户

数字社会服务端是数字社会面向群众输出全链条、全周期的多样、均等、便捷的社会服务产品的统一载体和一站式平台。数字社会在服务移动端以“数字社会专区”形式放在“浙里办”App 中。服务端基于“浙里办”对外提供服务。

1. 服务对象

服务对象为三类：一是个人用户（群众）；二是为群众提供数字社会服务的企业；三是为群众提供数字社会服务的机构（社团、组织等）。

2. 部署方式

在“浙里办”设置数字社会服务专区，通过“浙里办”提供的搭建工具，搭建数字社会专区门户。应用内容分为：各部门在数字化转型过程中形成的部门应用；数字化改革重点打造的多跨场景应用；未来社区、乡村服务等空间区域，集成落地各类应用；各设区市本地特色服务应用。

3. 用户体系

打通“浙里办”用户体系（个人用户和法人用户）。各部门提供的数字社会应用以 H5 页面按照“浙里办”标准进行开发，并集成至数字社会服务专区。

4. 数字社会专区

服务端面向群众，提供社会化服务，具体如下。

（1）消息运营位：通过动态消息方式，精准推送相关公告信息、新闻信息等信息，不同地市可自行配置运营内容。

（2）我的订阅：关注百姓需求，摆放 2—3 个高频场景全局社会服务应用，支持地市自由配置其他应用及摆放顺序。

（3）我的家园：展示当前所在社区或乡村的社会化服务，每个地市以社区、乡村为单位，梳理社区或乡村提供的社会化特色服务，不同社区或乡村可以显示不同的服务内容，也可显示地市标准服务内容。

（4）主题推荐：提供多跨场景服务，每个场景的服务涉及跨多个部门和多条业务线的服务场景。

（5）城市推荐：展现地方特色服务，由各市、县（市、区）负责建设。此处推荐服务同时归属在 12 个社会领域内。

（6）公共领域服务：包括 12 个领域各自拥有的相关应用服务。服务是由各部门梳理的 12 个社会领域的单部门服务事项，如提供相关资源在全省的分布情况等服务。

（二）治理端门户

数字社会的治理端门户基于 PC 端、手机端和 Pad 端，通过浙政钉 2.0 登录“数字化改革门户”，选择“数字社会综合应用”模块，登录“数字社会综合应用（治理端）”门户首页（图 5-2）。

主要结构包括左右两侧导航菜单，中间为根据导航动态变化的工作台，下方是数字社会各地市的集成入口。门户左侧是围绕省委省政府的中心工作及《浙江省数字社会系统建设方案》等确定的重大任务，包括社会空间、多跨场景应用、重点项目，可对基于场景的数据治理与任务的项目治理两个方面来分解相关指标。

门户右侧是数字社会 12 领域的数字化服务入口。首页状态下的工作台展示数字社会系统的统计情况，包括基本情况、各领域应用服务上线情况，社会空间落地性指标情况，揭榜挂帅、应用服务（人次）、多跨场景应用。应用情况按地域、时间、领域三个维度进行下钻。应用服务（人次）按时间维度来进行统计（本周、本月、本年维度）。

二、安全管理规范

当前，世界范围的网络安全威胁和风险日益突出，重大网络安全事件时有发生，具有很大破坏性和杀伤力。数字社会系统数据安

数字社会综合应用(治理端)
基本情况(服务端)
应用服务(人次)
12领域应用上线情况(个)
总应用数
105
多跨场景应用
未来社区
乡村服务
揭榜挂帅
幼有所育
学有所教
劳有所得
住有所居
文有所化
体有所健
游有所乐
病有所医
老有所养
弱有所扶
行有所畅
事有所便
数字社会多跨定义1.0版本
杭州市
宁波市
温州市
嘉兴市
湖州市
绍兴市
金华市
衢州市
台州市
舟山市
丽水市

图 5-2 数字社会门户

全受到威胁，就可能造成重要数据、隐私数据泄密，给群众的生活带来不便，给社会治理造成负面影响。因此，数字社会系统建设过程中必须高度重视安全管理，加大对政府关键数据资源、群众个人隐私等的保护力度，着力维护广大人民群众利益、社会稳定、国家安全。

按照“谁建设谁负责”原则，由应用开发单位负责本单位建设、运维的浙江省数字社会系统的相关项目，并做好其网络安全与数据安全的保障工作。

遵循“零信任”理念，分类分级要求进行数据治理，建立覆盖数据全生命周期的安全防护体系，综合利用各类技术加强关键环节的保障能力建设。依法收集、使用、处理个人信息，并落实个人信息保护措施，防止个人信息泄露、损毁、篡改、窃取、丢失和滥用。对重要核心数据和个人信息，应通过技术手段实现数据可用不可见，从源头上保护数据安全、推进数据安全共享。建立数据安全风险监测预警平台，强化数据安全风险的监测、预警、通报和处置工作。

落实数据分类、重要数据备份和加密等措施。设置数据归集规范，通过一体化智能化功能数据平台采用接口上报方式开展，由被授权的单位操作。省市县三级协同做好数字社会网络安全等级保护、备案、测评等工作，建立常态化网络安全运营体系。

结　语

一场“数”旅见繁花

一年核生芽，两年长枝叶，三年桃有花。

蓦然回首，浙江省数字社会建设已三年。这是我参与数字社会的三年，也是浙江省数字社会架构搭建、破题见光、开花结果的三年，更是数字社会成果照进浙江省人民现实生活、构筑起美好数字社会新图景的三年。

2021 年 1 月底，在浙江省数字化改革即将拉开大幕的最后一刻，我从浙江省发展改革委经济体制综合改革处处长转任社会发展与改革处处长，接过了牵头建设全省数字社会系统的新任务。从零起步，没有模版，在时任浙江省发展改革委主任孟刚的直接领导下，时任分管领导浙江省发展改革委副主任谢晓波、时任省委社建委专职副主任孙哲君的亲自指导下，我和数字社会建设核心团队一起，记不得开了多少场讨论会、画了多少张逻辑图，熬了多少个不眠夜，在省卫健委等相关厅局、杭州市、义乌市、富阳区、新昌县等发改系统的大力支持下，一步步探索，一点点进步，把数字社会做成了浙江数字化改革“1612”系统中群众最听得懂、参与度最广、获得感最高的系统，打造的一些应用还有幸得到了国家领导人的批示肯定。

数字社会是个抽象的系统工程，也是个具象的民生工程。我和团队始终以人的需求为导向，坚持先听群众意见再建应用，注重实战实效实用，从一个个“小切口”入手，量力而行、尽力而为，把数字化的理念、方法、手段，润物细无声地融入公共服务提供和社会运行方式重塑中，通过促进社会空间智能化、社会管理精细化、社会服务均等化，努力让群众对数字社会建设更加可知可感可享。

数字社会建设是数字化改革浪潮的一朵浪花，也是一次思想学习旅行。在这场对传统生活方式和社会运行方式的全面革新中，我们总结凝练了一套“道”与“法”，也可称为数字化改革的理论成果和制度成果。我们形成了“需求＋场景＋改革”三张清单方法论、“省市县纵向联动＋部门横向协同”多跨协同开发模式、“政府＋社会＋企业”多方主体共同发力、“百姓提需求＋政府定标准＋多方齐发力＋公众做评价”可持续运营机制等，为推动数字社会系统有序生长积蓄能量。

每当听到圈内圈外朋友对我们打造的一些应用和“关键小事”点赞（如“医学检验检查结果互认”应用，用过的人都说免去了重复检查，省钱省心还省时；“一照通用”应用，让身份证照片随时下载变成“万能照片”，既救急又省钱）时，颇为欣慰。同时，作为数字社会的建设者，我也享受到了红利，打开“浙里公共服务在线”

应用，随时可以查看我能享受的基本公共服务事项、“15 分钟公共服务圈”内的医院、学校、养老、文化、体育等设施，还能直接查询自己的电子健康档案，幸福感和自豪感满满。

驽马十驾，功在不舍。2023 年 12 月底，我已从社会发展和改革处转岗。但在数字化改革迈向新征程的未来，数字社会建设必将守正笃实、久久为功。未来，相信数字社会建设必将在全国普及深化，助力数字中国重大部署付诸行动、见于成效，全力推进中国式现代化在中国大地生动实践。

本文谨为数字社会全程亲历者的感想体会，以总结一段工作旅程，是为结语。

钱哲

后　记

在这个数字时代的巨变中，我们见证了浙江省的一次次革新与突破，数字社会的浙江图景愈发清晰。随风潜入夜、润物细无声。在这个画卷中我们见证了科技的崛起、技术的普及、产业的变革和业务的深度融合，它们为经济、社会和文化领域带来了深远的变革。

数字社会的浙江创新成就令人瞩目，共同推动着浙江的经济、社会和文化的发展。数字技术的广泛应用催生了一批以互联网、大数据、人工智能为核心的创新企业，推动了产业升级和经济增长，提供了更为便捷和丰富的服务体验。

数字社会的浙江图景中凸显了智慧城市的建设成果。通过智能城市平台、物联网技术等手段，城市基础设施得到了优化和智能化升级。交通、能源、环境等方面的数字化管理使城市更加高效、可持续和宜居。人们享受到了更智能、便捷的智慧城市和美好乡村生活。

数字社会的浙江图景中凸显了数字教育、数字医疗和数字养老等领域的进步。教育资源数字化的推进使得学习更加灵活和个性化，医疗健康领域的数字化则为患者提供了更为便捷和高效的医疗服务。数字养老的发展为老年人提供了更加智能化、便捷化、个性化的养老服务，有助于应对老龄化社会的挑战。人们在数字技术的推动下享受到了更全面、更优质、更均衡的公共服务。

路漫漫其修远兮，吾将上下而求索。数字社会的浙江图景呈现出一幅蓬勃向前的画卷，但也存在着供给需求不够匹配、建设主体不够多元、应用成效不够显著、运营机制不够先进等问题，需要在数字社会常态化建设阶段予以解决。在这个数字时代，浙江省不仅在经济上实现了跨越式发展，也为社会各个领域的发展提供了数字化的支持。这一图景的形成离不开浙江人民的勤劳、创新和拼搏精神，以及政府和企业的协同努力。随着科技的不断进步和社会的不断发展，数字社会的浙江图景必将继续演进，为人们创造更美好的生活。

最是一年春好处，绝胜烟柳满皇都。每一次短暂的告别，都是更美好的开始！数字社会的未来必将更加美好！

求真务实，守正创新。浙江省经济信息中心是浙江省发展和改革委员会下属事业单位，作为浙江省新型重点专业智库，面向未来、立足当下，长期秉持“数研融合、全国一流”的发展理念，坚持“研究+平台+数据”发展链条，走访了一批企业、建设了一批数字平台、积累了一批实践案例、取得了一些业务成果，为本书出版积累了扎实基础。

本书的整理和出版，对于党政机关、事业单位、科研机构和高校推动数字社会研究与建设具有一定参考价值。团队虽竭尽所能，也得到了出版社大力支持，但囿于水平有限以及变化过快等原因，本书肯定存在一些观点不够准确、描述不够恰当问题，还望各位专家学者和读者朋友给予谅解和批评指正！